AI시대
계약서
검토법

AI시대
계약서
검토법

작성부터 검토까지,
계약서의 모든 것

김대호·고윤기 지음

아템포

차례

머리말 — 007

제1장 왜 AI인가?

AI의 특징과 계약서 검토에서의 잠재력과 한계 — 010

계약서 검토를 위한 AI 기본기 — 012

제2장 계약서 검토와 작성을 위한 기본 지식

계약서와 관련하여 꼭 알아야 할 지식 — 022

계약법의 기본 이론 — 026

계약서는 서면으로 작성해야 하는가? — 028

계약서 공증의 필요성 — 032

계약 당사자의 특정 — 035

제3장 계약서 작성 실전 가이드

계약서 작성 단계 — 043

계약서 작성 만능 3단 포맷 — 049

제4장 표준계약서 검색 및 활용법

표준계약서의 개념과 중요성 — 144

표준계약서 활용 4단계 — 149

제5장 계약서의 독소 조항 찾아내기
계약서 검토 — 157

실전 사례 — 169

제6장 완성된 계약서 검토를 위한 AI 활용 프롬프트
종합형 — 173

단순형 — 178

제7장 법무팀 관계자를 위한 계약서 팁
간인의 중요성 — 180

계약 상대방의 신용 평가 방법 — 181

계약서 수정 및 정정 방법 — 184

계약서 관리와 채권 및 소멸 시효 관리 — 187

사용인감과 법인인감의 구분 — 189

계약서 체결 후 불일치 문제 해결 — 191

계약 조건 변경 요구에 대한 대응 전략 — 193

퇴사자 관련 계약 문제 대응 — 197

다년 계약 관련 이슈와 대응 전략 — 201

견적서와 발주서 — 202

계약 갱신(재계약)시 주의해야 할 점 — 206

전자계약의 법적 효력 — 210

일러두기
- 각 법조문의 밑줄은 저자가 표시한 것이다.
- 본문 내 색 구분시 빨간색은 점선(-----), 파란색은 실선(———), 노란색은 물결선 (~~~~) 밑줄로 표시했다.

머리말

 오늘날 비즈니스 환경에서 계약서는 단순한 법적 문서를 넘어 기업과 개인의 권리와 의무를 명확히 하는 핵심 도구입니다. 하지만 많은 분이 계약서 검토와 작성을 어렵고 부담스러운 일로 여깁니다. 복잡한 법률 용어, 숨겨진 독소 조항, 계약의 함정을 파악하는 것은 법률 전문가에게도 쉽지 않은 과제입니다.
 이 책 『AI시대 계약서 검토법』은 이러한 계약서 검토의 부담을 줄이고 더 효과적이고 정확한 계약서 검토 방법을 제시하기 위해 집필되었습니다. 특히 인공지능AI이라는 새로운 도구를 활용하여 계약서 검토 과정을 혁신적으로 개선할 수 있는 방법에 초점을 맞추었습니다.

계약서 검토는 단순히 문서를 훑어보는 것이 아닙니다. 계약의 본질을 이해하고, 당사자의 권리와 의무를 명확히 파악하며, 잠재적 위험 요소를 식별하는 복합적인 과정입니다. 이 책은 이러한 계약서 검토의 기본 원칙부터 실전에서 즉시 활용 가능한 구체적인 방법론을 제시합니다. 이 책의 목표는 기본적인 계약서 검토와 관련한 지식 습득, 습득한 지식과 AI를 활용한 계약서 검토 및 작성입니다.

먼저 계약법의 기본 이론과 계약서 검토를 위한 필수 지식을 다룹니다. 계약 당사자의 특정, 서면계약의 중요성, 공증의 필요성 등 계약서의 기본 요소를 이해하는 것부터 시작합니다. 이어서 계약서 검토의 체계적인 접근 방법과 '계약서 작성 만능 3단 포맷'을 소개하여 어떤 유형의 계약서든 효과적으로 검토하고 작성할 수 있는 프레임워크를 제공합니다.

특히 계약서의 독소 조항을 찾아내는 방법에 중점을 두어 유불리 검토, 법률 검토, 경영상 검토의 세 가지 측면에서 계약서를 철저히 분석하는 방법을 안내합니다. 또한 법무팀 관계자들을 위한 실용적인 팁과 표준계약서 활용법도 상세히 다루어 실무에서 바로 적용할 수 있는 내용으로 구성했습니다.

이 모든 과정에서 AI는 강력한 보조 도구로 활용됩니다. AI를 처음 다루는 분들을 위해 기초부터 차근차근 설명했습니다. 하지만 중요한 것은 AI는 결국 그 결과를 검증할 수 있는 사람들이 쓰는 도구라는 점입니다. 이 책을 통해 여러분은 AI의 계약서 검토 결과를 스스로 검증할 수 있는 능력을 키울 수 있을 것입니다.

이 책은 계약서를 작성하기 위해 꼭 필요한 지식을 담고 있습니다. 저자들이 수년간 실무에서 다루고 기업체에서 강의하면서 사용했던 검증된 내용입니다. 바로 활용이 가능한 내용으로 최대한 쉽게 설명했습니다. 이 책에서 다루는 기본적인 계약 지식과 AI를 활용한다면 상당한 시너지 효과를 낼 수 있으리라고 확신합니다.

계약서 검토는 단순한 기술적 작업이 아닌 전략적 사고가 필요한 과정입니다. 계약 조건 협상, 위험 요소 식별, 그리고 자신의 권리를 보호하는 방법을 이해하는 것은 비즈니스 성공의 핵심 요소입니다. 이 책을 통해 이러한 전략적 계약서 검토 기술을 여러분과 공유하고자 합니다.

AI시대에 계약서 검토는 더이상 법률 전문가만의 영역이 아닙니다. 기업인, 창업자, 비즈니스 매니저, 계약에 관심 있는 모든 분이 이 책을 통해 계약서를 더 잘 이해하고, 더 유리한 조건으로 협상하며, 잠재적 위험을 미리 파악할 수 있기를 바랍니다.

급변하는 비즈니스 환경에서 계약서는 여러분의 권리와 의무를 정의하는 중요한 도구입니다. 이 책과 함께 계약서 검토 기술을 마스터하여 더 안전하고 성공적인 비즈니스 관계를 구축하기 바랍니다.

2025년 11월

김대호, 고윤기

제1장
왜 AI인가?

AI의 특징과 계약서 검토에서의 잠재력과 한계

AI 기술의 발전은 법률 분야에도 큰 변화를 불러오고 있다. 특히 계약서 검토 과정에서 AI의 활용은 효율성과 정확성을 크게 향상할 수 있는 잠재력을 가지고 있다. 이 책에서 다룰 AI 모델은 이러한 변화의 선두에 서 있는 강력한 도구다.

AI를 이용한 계약서 검토는 인간이 수일에 걸쳐 수행할 작업을 몇 시간 혹은 몇 분으로 단축하여 시간을 크게 절약할 수 있으며 모든 계약서에 동일한 기준을 적용함으로써 검토의 일관성을 높일 수 있다. 또한 인간이 놓치기 쉬운 세부 사항까지 꼼꼼히 살펴 누

강 점	한계점
시간 절약 일관성 확보 누락 방지 법적 리스크 식별 비용 절감	법적 판단의 한계 맥락 이해의 한계 책임 소재의 불명확성

계약서 검토 시 AI의 강점과 한계점

락을 방지하고 잠재적인 법적 문제를 사전에 파악하여 리스크를 줄이는 데 도움을 준다. 결과적으로 검토에 걸리는 시간과 인력을 줄임으로써 상당한 비용 절감 효과를 얻을 수 있다.

하지만 AI가 만능은 아니기에 한계점이 있다. 이를테면 복잡한 법률 해석이나 판례 적용에는 여전히 인간 전문가의 판단이 필요하고 AI가 계약 당사자 간의 특수한 관계나 업계 관행 등을 완전히 이해하기는 어렵다. 또한 AI 오류로 인한 손해가 발생했을 때 책임 소재가 불분명할 수 있다.

AI는 연금술사가 아니기에 AI를 활용한 계약서 검토가 인간 전문가를 완전히 대체할 수는 없다. AI는 강력한 보조 도구로서 인간 전문가의 판단과 결합될 때 가장 효과적으로 활용될 수 있다. AI로 산출된 결과물을 아무리 잘 다듬어도 그 사람의 역량 이상으로 만들기는 어렵다. 그러므로 실제 AI를 잘 사용할 수 있는 이는 AI가 내놓은 결과물을 검증할 수 있는 사람이다.

그렇다면 '계약서'와 관련된 AI 검토를 잘하려면 어떻게 해야 할까? 일단 기본적인 계약서 검토를 할 수 있어야 한다. 그래야 AI가 검토하거나 작성한 계약서를 평가하고 수정할 수 있다.

계약서 검토를 위한 AI 기본기

이 책에서는 기본적으로 거대 언어모델LLM AI 중에서 앤스로픽Anthropic의 클로드Claude, 오픈 AIOpen AI의 GPT, 구글의 제미나이Gemini 검색 전문 모델인 퍼플렉시티Perplexity 네 가지를 사용한다. 퍼플렉시티 모델은 주로 검색에 활용할 예정이고 클로드와 GPT, 제미나이로는 실제 계약서 작성과 검토를 진행할 것이다. 따라서 별다른 언급 없이 AI라고만 하면 클로드나 GPT, 제미나이를 사용하면 된다. 나중에 더 좋은 AI 모델이 나온다면 언제든지 변경해도 상관없다.

다만 다음과 같은 주의 사항이 따른다. 첫째, 계약서 검토를 업무용으로 사용하는 경우라면 유료 버전 사용을 권한다. 넣을 수 있는 데이터의 양, 사용할 수 있는 횟수, 결과물에 큰 차이가 있다. 둘째, AI는 두 개 이상 함께 쓰기를 바란다. 교차 검증은 물론 해당 문제에 대해 전혀 다른 관점을 제시하는 경우가 있다. 꼭 참조해야 할 부분이다. 필자들은 실제 이 네 가지 모델 외에도 몇 가지 AI 모델을 추가하여 사용하고 있다.

AI를 효과적으로 활용하여 계약서를 검토하려면 몇 가지 기본 원리를 이해하고 적용해야 한다.

먼저 기본적인 AI 사용 방법을 알아야 한다. 처음 AI를 접할 때 흔히 하는 실수는 "○○○는 무엇입니까?" "고윤기 변호사는 어떤 사람인가요?"와 같은 식으로 맥락이나 목적을 알 수 없는 질문을 한다. 이처럼 몇 가지 질문을 해보고 그 결과물에 실망한다. 그러고는 "AI는 아직 멀었어"라는 편견을 가진 후 AI를 멀리한다.

직장에서 상사가 "민주씨, 매출 보고서 작성해서 주세요"라고 하는 것과 "예나씨, 매출 보고서를 작성하되, 작년과 올해의 마케팅 정책 및 투입비용과 매출 변화를 시간순으로 볼 수 있는 보고서를 작성해주세요"라고 하는 것은 다르다. 단순하게 '매출 보고서 작성'이라는 요청을 받은 민주씨보다 상세한 요청을 받은 예나씨가 상사가 원하는 내용이 담긴 매출 보고서를 더 쉽고 정확하게 작성할 수 있다.

업무 지시를 받았을 때 보통 시키는 일만 하는 경향이 있다. AI도 마찬가지다. 정확하게 지시하고 잘 물어보아야 효과적인 결과를 얻을 수 있다. 이 지시와 질문을 '프롬프트prompt'라고 한다.

그렇다고 일을 시킬 때 모든 세세한 내용을 일일이 지시하기란 쉽지 않다. 그래서 AI의 역량을 파악하고 어떻게 하면 일을 가장 효율적으로 시킬 수 있을까 하는 고민에서 비롯된 것이 프롬프트 작성법이다. 이를 '프롬프트 엔지니어링'이라고 한다.

그러므로 우리가 사용하려는 계약서 검토에서 원하는 결과를 얻으려면 똑소리나게 프롬프트를 작성해야 한다. 가장 일반적인 형식은 페르소나, 목적, 배경, 형식, 어조를 차례로 부여하여 작성한다 (다른 방법도 많이 개발되었다).

페르소나 AI의 정체성을 정하는 것이다. 먼저 AI에게 이름과 직업을 준다. 예를 들면 "당신은 30년 경력을 가진 로펌고우의 변호사입니다."

목   적 AI가 무엇을 하는지 명확히 알려준다. 예를 들면 "지금부터 계약서를 검토하고 문제점을 찾아내는 일을 할 예정입니다."

배   경 계약과 관련된 문제점이나 상황을 설명해준다. 예를 들면 "첨부할 계약서는 A와 B 회사의 계약서인데, 기존의 계약을 연장하려고 합니다. 그런데 A 회사는 지난 계약기간 당시 B 회사의 대금 지급 지연 때문에 불만을 가지고 있습니다."

형   식 AI가 대답할 방식을 정한다. AI가 어떤 순서로 대답할지 정할 수도 있다. 예를 들면 "먼저 계약서의 전반적인 인상을 말하고, 그 사람 다음에 A의 입장에서 문제가 될 수 있는 세 가지 부분을 지적하고 개선 방안을 말해주세요." 단순하게 "간단히 대답해주세요" "표를 만들어주세요"라는 형식으로도 가능하다. 그리고 "판례나 법조문을 인용할 때는 확실한 것만 인용해주고 애매한 것은 인용하지 말아주세요"라는 문구를 추가하는 것도 좋다(이는 할루시네이션[1] 방지 문구로서 기능한다).

어   조 AI가 어떤 말투를 사용할지 정한다. 조심스럽게 의견을 제시하며 확신이 없을 때는 솔직히 말한다. 예를 들면 "전문가답게 정중하지만 이해하기 쉽게 설명해주세요." "법률 용어를 사용하되, 꼭 풀어서 설명해주세요." 특정 문체로 작성하기를 원할 때는 평어체, 경어체, '~하다' '있다'의 형식으로 작성해달라는 요청도 가능하다.

---

[1] 할루시네이션(hallucination, 환각)은 AI 모델이 정확하지 않거나 무의미한 정보를 자신 있게 생성하는 경우를 말한다. 이러한 현상을 최대한 줄이기 위해 여러 가지 장치를 동원한다. 법률 영역에서는 존재하지 않는 판례나 법조문을 인용하는 경우가 있어 반드시 확인이 필요하다.

> AI의 결과물이 계속 경어체로 "합니다. 입니다. 했습니다"의 형식일 경우
>
> **명령어**
> 앞의 문장을 [하다, 있다, 이다] 형식으로 다시 작성해주세요.
>
> **결과물**
> ~한다, ~이다, ~했다로 끝나는 결과물을 볼 수 있다.

그 밖에도 자신이 원하는 형식의 문서를 제공하고 "이 서류에 있는 문장 구성 방식으로 글을 써주세요"라고 명령할 수도 있다.

계약서 검토시 법률 같은 특수 분야의 AI는 추가적인 자료 제공과 학습이 필요하다. 일단 가장 기본적으로 입력해야 할 자료는 계약서다. 그리고 그 계약서가 특정한 법률과 관련이 있는 경우에는 그 법률도 입력하는 것이 더 좋은 결과를 얻을 수 있다. 예를 들어 하도급 관련 계약서라면 '하도급거래 공정화에 관한 법률과 시행령'을 같이 입력한다. 필요하면 AI가 꼭 검토했으면 하는 판례도 함께 입력해야 한다(이 내용은 뒤에서 다시 자세히 설명할 것이다).

이때 입력하는 자료 형식이 중요하다. OCR^{optical character recognition}(문자 인식) 작업이 된 PDF나 MS워드 파일이 필요하다. 최근에는 OCR 작업이 안 된 PDF 파일도 인식 가능한 AI가 개발되어 나오고 있다. 그러나 OCR 작업이 된 PDF가 훨씬 인식률이 좋다. 한컴의 한글 파일은 거의 인식하지 못한다. PDF일지라도 모두 인식하는 것은 아니다. 형식은 PDF 파일이지만 단순히 이미지를 합쳐

놓은 것에 불과한 PDF는 OCR 작업을 거치지 않으면 해당 문서의 내용을 읽을 수 없는 경우가 많다.

OCR 작업은 어도비Adobe, 알 PDF 등으로 할 수 있다. 추천하는 프로그램은 애비 파인 리더ABBYY Fine Reader PDF 프로그램(유료)이다. 입력하는 자료 용량에도 제한이 있다. GPT나 제미나이는 비교적 용량이 큰 파일을 기초 자료로 입력할 수 있으나 클로드는 유료로 사용할 때도 입력 가능한 용량이 비교적 적다. 따라서 입력하려는 자료의 용량을 줄이거나 분할하여 입력하는 방법으로 접근할 수밖에 없다.

따라서 다음과 같은 형식을 기본으로 적절히 수정하여 사용할 것을 권한다. 먼저 1차 입력 프롬프트의 페르소나와 형식, 어조를 살펴보자.

페르소나
"당신은 30년 경력을 가진 대한민국 로펌고우의 민사 전문 변호사입니다. 계약서 검토에 특별한 전문성을 갖고 있습니다."

형식
"상대방을 설득할 수 있는 상세하고 포괄적인 설명이 들어간 문장으로 만들어 주세요."

어조
"상대의 기분을 상하지 않도록 최대한 정중하게 표현하되, 전문적이고 공식적인 어조로 작성해주세요."

이때 '형식'과 '어조'는 굳이 구분하지 않고 하나로 합쳐서 사용해도 문제없다.

1차 프롬프트를 입력하고 나면 AI는 다음과 같이 대답할 것이다 (상황에 따라 달라질 수 있다).

> **AI의 답변**
>
> "네, 말씀하신 대로 30년 경력의 대한민국 로펌고우 소속 민사 전문 변호사로서 특히 계약서 검토에 전문성을 갖춘 역할을 맡아 응답하겠습니다. 귀하의 요청에 따라 상세하고 포괄적인 설명을 담되, 정중하고 전문적이며 공식적인 어조로 대화를 이어가겠습니다. 어떤 법률 자문이나 계약 관련 문의 사항이 있으신지요? 최선을 다해 도와드리겠습니다."

이제 내가 본격적으로 지시하거나 물어보고 싶은 것을 입력한다. 프롬프트의 목적과 배경을 자세히 추가한다고 생각하면 된다. 이때 검토하려는 계약서 혹은 계약 조항과 관련 법령, 판례를 같이 넣어 준다.

여기에는 다음과 같은 원칙이 있다.

첫째, 명확성이다. AI에게 내가 무엇을 원하는지 명확하게 설명해야 한다.

> "다음 계약서에서 갑과 을의 주요 의무를 나열해주세요."

둘째, 구체성이다. 가능한 한 구체적인 지시를 제공한다.

> "제7조부터 제10조까지의 내용 중 위약금과 관련된 조항을 찾아 분석해주세요."

셋째, 맥락 제공이다. 계약의 배경이나 목적을 설명하면 더 정확한 분석이 가능하다.

> "우리의 의뢰인은 A 주식회사입니다."
> "기존 계약기간이 만료되어 재계약하려고 합니다."
> "기존 계약기간 중에는 B 주식회사가 대금 지급을 제대로 안 하거나 늦게 하는 경우가 있어서 문제가 생겼습니다. 이 부분과 관련된 조항을 검토해주세요."

넷째, 단계적 접근이다. 복잡한 검토 작업은 여러 단계로 나누어 요청한다.

> "먼저 계약의 주요 조항을 요약해주세요. 그다음 각 조항의 법적 리스크를 분석해주세요."

다섯째, 비교 요청이다. 업계 표준이나 법적 기준과의 비교를 요청할 수 있다.

"이 임대차계약 조건이 상가 건물 임대차보호법 규정에 부합하는지 검토해주세요."

1차 프롬프트 입력 후 2차 프롬프트 입력의 목적과 배경은 각 계약서마다 다르게 작성되어야 한다.

목적(내용 예시)
지금 제공한 파일은 A 주식회사와 상대방인 B 주식회사 간의 기존 계약서입니다. 해당 계약기간이 만료되었습니다. 이 계약서를 기초로 수정된 재계약서를 만들려고 합니다.
"우리의 의뢰인은 A 주식회사입니다."
"기존 계약기간이 만료되어 재계약하려고 합니다."
"기존 계약기간 중에는 B 주식회사가 대금 지급을 제대로 안 하거나 늦게 하는 경우가 있어서 문제가 생겼습니다. 이 부분과 관련된 조항을 검토해주세요."

배경(내용 예시)
"계약의 갱신 또는 재계약하려고 합니다."
"판례나 법조문을 인용할 때는 확실한 것만 인용해주고 애매한 것은 인용하지 마세요."

여기까지가 가장 기본적인 AI 활용법이다. 앞서 말한 것처럼 AI는 결국 AI가 없어도 계약서를 검토할 수 있는 사람을 위한 도구다.

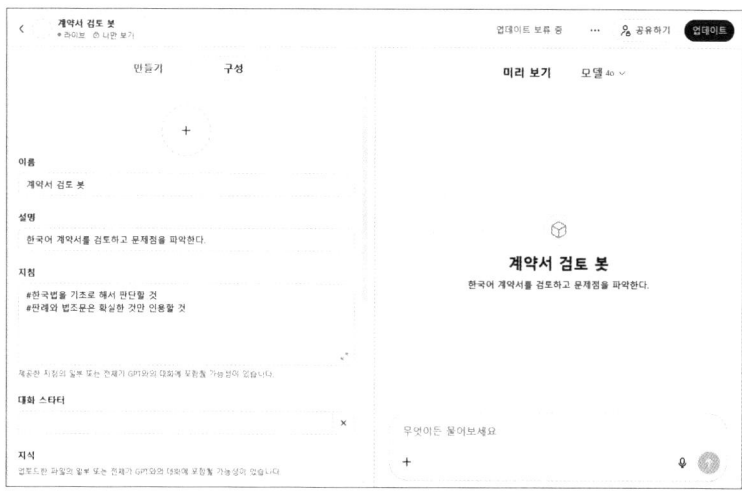

GPT에서 사용하는 계약서 검토 전용 채팅 봇

즉 AI가 만들어낸 결론을 검증할 수 있는 사람에게 시간과 절차를 단축시켜주는 도구다.

그렇다면 우리는 계약서의 기본적인 내용과 계약서가 어떻게 구성되고 검토되는지 알아야 한다. 이 점에 착안하여 기존의 계약서 검토법에 AI를 접목했다.

> **[TIP] 기본적인 사항을 미리 세팅하는 방법**
>
> AI 유료 버전에는 본인이 자주 쓰는 영역에 대해 사전 설정을 할 수 있다. 클로드의 경우 프로젝트라는 기능으로 들어가면 "custom instructions" 설정이 가능하고, GPT의 경우에는 GPT 탐색 탭에서 만들기를 클릭한 후 설정이 가능하다.

기본적인 페르소나 등을 설정한 후 필요한 자료를 미리 입력해놓을 수 있다. 이와 같은 방식으로 그림에서 보는 바와 같이 특정 목적을 위한 AI 채팅 봇을 만들 수 있고 이를 팀원들과 공유할 수도 있다.

제2장

계약서 검토와
작성을 위한 기본 지식

계약서와 관련하여 꼭 알아야 할 지식

AI를 활용하여 계약서를 검토하든 기존의 방식대로 계약서를 검토하든 '계약서를 검토'하기 위해서는 꼭 알아야 할 기본 지식이 있다. 물론 기본적인 법률적 소양을 갖추고 있다면 이 부분은 그냥 넘겨도 상관없다.

계약서를 작성하거나 검토할 때는 계약서를 보는 관점, 작성의 기본 원칙과 같은 몇 가지 중요한 지식을 알아야 한다.

먼저 계약서를 보는 관점에서는 계약서를 최종적으로 판단하는 사람이 누구인지 알아야 한다. 계약 당사자의 입장이 아니라 제3자의 시각에서 보는 관점을 기준으로 써야 하는 이유는 계약 내용과 관련하여 분쟁이 발생했을 때 이를 최종적으로 판단하는 사람이 제3자인 판사이기 때문이다. 판사 앞에서 증명하지 못하는 것은 실제 계약 내용으로 인정받을 수 없다. 이것이 바로 계약서를 작성하고 검토할 때 가장 중요한 전제다. 항상 이 점을 명심하고 계약서를 다루어야 한다.

계약서를 작성할 때는 세 가지 기본 원칙, 즉 명확성, 구체성, 일관성을 지켜야 한다.

첫째, 명확성은 모호한 표현을 피하고 구체적인 수치와 기준을 제시한다. 표에서 보는 바와 같이 명확성은 향후 계약 해석의 모호함을 줄이고 분쟁을 예방하는 데 중요한 역할을 한다.

잘못된 예	올바른 예
신속하게 처리한다.	3영업일 이내에 처리한다.
상당한 노력을 기울인다.	주 40시간 이상 업무에 전념한다.
시장가격에 준하여 판매한다.	매매계약 체결일 기준 동종 상품의 평균 시장가격의 ±5퍼센트 범위 내에서 판매한다.

둘째, 구체성은 권리와 의무의 세부 사항, 이행 방법, 기한 등을 상세히 기술한다. 구체성은 계약 이행의 정확성을 높이고 당사자 간의 오해를 줄이는 데 도움을 준다.

잘못된 예	올바른 예
갑은 을에게 물건을 인도한다.	갑은 을에게 2023년 12월 31일까지 서울특별시 강남구 테헤란로 123에서 제품 100개를 인도한다. 인도시 을의 확인 서명을 받아야 한다. 제품에 하자가 있을 경우 을은 인도일로부터 7일 이내에 갑에게 서면으로 통보해야 하며, 갑은 통보를 받은 날로부터 14일 이내에 하자 없는 제품으로 교체해야 한다.

셋째, 일관성은 용어를 통일해서 사용하고 조항 간 모순이 없도록 한다. 일관성 있는 용어 사용과 조항 간 정합성은 계약 해석의 혼란을 방지하고 계약의 신뢰성을 높인다(구체적인 내용은 해당 내용에서 자세히 살펴볼 것이다).

용어 혼용 : '매도인'과 '판매자'를 혼용하는 것은 바람직하지 않다.

상충되는 내용 : 제5조에서 "매월 10일에 지급한다"와 제7조에서 "매월 15일에 지급한다"와 같이 상충되는 내용이 있으면 안 된다.

모순되는 내용 : 제3조에서 "계약기간은 1년으로 한다"와 제12조에서 "본 계약의 유효기간은 2년으로 한다"와 같이 모순되는 내용이 있어서는 안 된다.

기본 원칙을 지키며 계약서를 작성하더라도 몇 가지 주의할 점이 있다. 먼저 법률 용어를 정확히 써야 한다. 법률 용어는 그 의미가 명확하므로 가능한 한 정확한 법률 용어를 사용한다. 법률 용어의 부정확한 사용은 계약의 해석과 이행에 중대한 영향을 미칠 수 있으므로 주의가 필요하다.

'소유권 이전'과 '점유 이전'의 정확한 의미 파악 : 소유권 이전과 점유 이전은 의미가 다르므로 계약 목적에 맞는 정확한 용어를 선택해야 한다.

'해제'와 '해지' 구별 : '해제'는 계약을 소급하여 없었던 것으로 하는 것이고, '해지'는 장래에 향하여 계약 관계를 소멸시키는 것이다.

둘째, 필수 기재 사항을 확인해야 한다. 계약 종류에 따라 반드시 포함해야 할 사항이 있다. 필수 기재 사항 누락은 계약의 효력이나 집행력에 영향을 줄 수 있으므로 계약 유형별로 필수 기재 사항을 숙지하고 있어야 한다.

부동산 매매계약서의 경우 : 부동산 표시, 매매 대금, 잔금 지급일, 소유권 이전 시기 등이 필수적으로 기재되어야 한다.

임대차계약서의 경우 : 임대 목적물, 임대기간, 임대료, 보증금, 계약 갱신 관련 사항 등이 필수적으로 기재되어야 한다.

셋째, 부속서류를 관리해야 한다. 계약서와 함께 첨부되는 부속서류도 계약의 일부로 간주될 수 있으므로 신중히 관리해야 한다. 부속서류는 계약의 세부 내용을 구체화하는 중요한 역할을 하므로 본계약서와 동일한 수준의 주의를 기울여 관리해야 한다.

부속서류 표시 및 관리 : 설계도면, 시방서, 견적서 등이 계약서에 첨부된다면 이를 명확히 표시하고 관리한다.

부속서류 특정 : "별첨 1 : 제품 사양서", "별첨 2 : 납품 일정표"와 같이 부속서류를 명확히 특정하고 이들이 계약 일부를 구성함을 명시한다.

계약법의 기본 이론

우리나라 계약법의 근간은 민법과 상법에서 찾을 수 있다. 특히 민법 제3편 채권 부분과 제2장 계약 부분, 그리고 상법이 계약법의 기본을 이루고 있다. 이러한 기본 법률 외에도 다양한 특별법이 존재하여 기본법을 보완하거나 수정하는 역할을 한다.

그렇다면 계약이란 무엇인가? 계약은 복수의 당사자가 서로 반대되는 방향의 의사표시를 합치시킴으로써 이루어지는 법률행위를 말한다. 이러한 계약의 핵심 요소는 청약("이 물건을 10만 원에 팔겠습니다.")과 승낙("네, 그 가격에 사겠습니다.")이다.

계약이 성립되려면 두 가지 요건이 충족되어야 하는데, 바로 당사자의 일치(주관적 요건)와 내용의 일치(객관적 요건)다.

당사자의 일치, 즉 주관적 요건을 살펴보자. 예를 들어 A가 B에게 청약했는데 B가 아닌 C가 이를 승낙한다면 계약은 성립하지 않는다. 또한 계약 당사자가 되려면 법률상 행위능력이 필요하다. 이는 미성년자나 정신적 장애가 있는 사람들의 권리를 보호하기 위한 장치다.

행위능력이 제한된 경우 : 17세 고등학생 A가 부모의 동의 없이 고가의 전자기기를 구매하는 계약을 체결한 경우 이 계약은 취소 가능하다.
대리인을 통한 계약 : A가 B 회사를 대리하여 계약을 체결할 때 A의 서명만으로 B 회사와 상대방 간의 계약이 성립된다.

다음으로 내용의 일치, 즉 객관적 요건을 살펴보자. 계약 내용에 일치하지 않는 부분이 아주 작더라도 원칙적으로는 계약이 성립되지 않는다. 또한 계약 내용은 현실적으로 실현 가능해야 하며 법률상으로도 적법해야 한다. 예를 들어 불법적인 행위를 내용으로 하는 계약은 성립할 수 없다.

내용 불일치 : A가 "이 노트북을 100만 원에 팔겠다"라고 제안하고 B가 "90만 원에 사겠다"라고 답한 경우 계약은 성립되지 않는다.
실현 불가능한 계약 : A가 B에게 "내일까지 달에 가서 운석을 가져오면 10억 원을 주겠다"라는 계약은 실현 불가능하므로 무효다.
불법적인 계약 : A와 B가 "마약을 거래하기로" 하는 계약은 법률상 허용되지 않으므로 무효다.

이렇게 계약의 성립 요건은 당사자의 일치라는 주관적 요건과 내용의 일치라는 객관적 요건 이 두 가지로 요약할 수 있다. 계약서를 검토할 때는 결국 당사자의 일치와 내용의 일치를 꼼꼼히 살펴보는 과정이라고 할 수 있다. 반대로 계약의 효력을 부정하고자

할 때는 이러한 요건을 하나씩 반박해나가는 방식으로 접근할 수 있다.

따라서 계약서를 작성하거나 검토할 때, 계약의 효력을 판단할 때는 항상 이러한 기본 원칙을 염두에 두어야 한다. 이는 법적 분쟁을 예방하고 발생한 분쟁을 해결하는 데 핵심적인 기준이 될 것이다.

계약서는 서면으로 작성해야 하는가?

그렇다면 계약은 반드시 서면으로 작성해야 하는 것일까? "계약서를 작성하지는 않았지만 계속 그렇게 거래해왔습니다. 이메일과 팩스, 통장 거래 내역이 증거입니다." 이는 계약과 관련하여 흔히 있는 상황이다. 그리고 실제 비즈니스 환경에서 자주 발생하는 상황이기도 하다.

우리 민법은 낙성계약諾成契約의 원칙을 채택하고 있다. 이는 구두상의 합의만으로도 계약의 효력이 발생한다는 의미다. 서면으로 계약서를 작성하지 않아도 원칙적으로 계약은 유효하게 성립한다. 그러나 구두 약속은 나중에 그 내용을 증명하기가 매우 어렵다는 문제점이 있다. 이는 분쟁이 발생했을 때 당사자들에게 큰 부담이 될 수 있다.

예를 들어 A와 B가 구두로 물건을 매매하기로 합의했으나 후에 가격에 대해 이견이 발생한 경우, C 회사가 D에게 구두로 용역을 의뢰했으나 용역의 범위에 대해 분쟁이 발생한 경우 서면계약서가 없다면 각자의 주장을 입증하기 어려워 분쟁 해결이 복잡해질 수 있으므로 계약은 서면으로 작성해야 한다. 서면계약에는 분쟁이 발생했을 때 계약 내용을 명확히 입증할 수 있는 증거력 강화, 당사자 간의 권리와 의무를 명확히 할 수 있는 이해관계 명확화, 특별법에 따른 의무를 이행할 수 있는 법적 안정성, 계약 내용을 명확히 함으로써 향후 발생할 수 있는 분쟁을 예방할 수 있는 분쟁 예방 등의 장점이 있다.

일부 특별법에서는 서면계약을 의무화하고 있다. 주요 법률의 예시는 다음과 같다.

하도급거래 공정화에 관한 법률 제3조 : 원사업자의 서면 발급 의무를 규정하고 있다.

> 원사업자가 수급사업자에게 제조 등의 위탁을 하는 경우 일정한 사항이 기재된 서면을 발급해야 한다.

국가를 당사자로 하는 계약에 관한 법률 제11조 : 원칙적으로 서면계약을 요구한다.

> 정부기관이 민간 기업과 용역계약을 체결할 때 원칙적으로 서면으로 계약을 체결해야 한다.

민법 제428조의2 제1항 : 보증 의사는 서면으로 표시되어야 효력이 발생한다.

> A가 B의 채무를 보증하려면 반드시 서면으로 보증 의사를 표시해야 한다.

> **근로기준법 제17조 제2항** : 근로계약의 내용이 담긴 서면 교부를 의무화하고 있다.

> 회사가 신입사원을 채용할 때 근로 조건을 명시한 서면 근로계약서를 교부해야 한다.

> **예술인복지법 제4조의4** : 서면계약을 작성하지 않은 경우 과태료를 부과한다.

> 영화 제작사가 배우와 계약할 때 서면계약을 작성하지 않으면 과태료가 부과될 수 있다.

서면으로 계약서를 작성하지 않은 경우 각 법률에 따라 계약 효력이 없는 경우도 있고, 벌금이나 과태료 등의 제재가 가해지는 경우도 있다. 따라서 개별법에 따라 신중히 판단해야 한다.

그 밖에 증여계약의 경우 구두계약으로도 성립할 수 있지만 증여 의사가 서면으로 표시되지 않은 경우에는 각 당사자가 이를 해제할 수 있다(민법 제555조).

> A가 B에게 구두로 자신의 그림을 증여하기로 했으나 서면으로 작성하지 않았다면 A나 B 모두 이 증여계약을 해제할 수 있다.

그러면 낙성계약의 원칙에 따른 불확실성은 어떻게 피해야 할까? '완전계약 조항'을 활용할 수 있다.

> **제○조**(완전 합의)
> 본 계약은 계약 체결 이전의 양 당사자 간의 모든 협의, 합의, 약정 등을 대체하며 본 계약에서 명시되지 않은 어떠한 구두 혹은 서면상의 약속이나 합의도 당사자들을 구속하지 아니한다.

이와 같은 조항을 포함함으로써 계약서에 명시되지 않은 이전의 합의나 약속은 효력이 없다는 점을 명확히 할 수 있다(이에 대해서는 뒤에서 다룰 것이다).

앞서 살펴본 계약뿐 아니라 최근에는 전자계약업체를 통해 계약하는 경우가 많다. 전자계약과 관련된 문제는 '전자문서 및 전자거래 기본법'과 '전자서명법'에서 다루고 있다. 이 법은 전자문서의 법적 효력과 전자거래의 안전성 및 신뢰성 확보에 관한 사항을 규정한다.

전자문서 및 전자거래 기본법 제4조 : 전자문서는 전자적 형태로 되어 있다는 이유로 문서로서의 효력이 부인되지 않는다.

전자서명법 제3조 : 전자서명은 서명, 서명 날인 또는 기명 날인의 효력을 가진다.

> A 회사와 B 회사가 전자계약 플랫폼을 통해 계약을 체결한 경우 이 계약은 서면계약과 동일한 법적 효력을 가진다. C가 전자서명을 통해 대출계약에 동의한 경우 이는 일반적인 서명과 동일한 효력을 가진다.

이와 같이 계약서의 서면 작성은 법적 요구 사항일 뿐 아니라 분쟁 예방과 해결을 위한 중요한 수단이 된다. 따라서 가능한 한 모든 중요한 계약은 서면으로 작성하는 것이 바람직하다. 특히 거래 금액이 크거나 장기간에 걸친 계약, 또는 복잡한 권리·의무 관계가 있는 계약의 경우에는 반드시 서면으로 작성하여 향후 발생할 수 있는 분쟁에 대비해야 한다.

계약서 공증의 필요성

"변호사님, 계약서를 작성했다는데, 상대방이 공증을 해주지 않습니다. 계약이 효력이 없는 것이 아닌가요? 어떻게 강제로 공증할 방법이 없을까요?"

"공증했던 계약서를 잃어버렸습니다. 어떻게 해야 하나요?"

이러한 질문은 계약 실무에서 자주 발생하는 의문들이다. 공증의 필요성과 그 효과에 대해 알아보기에 앞서 공증에 대해 자세히 살펴보자.

공증이란 법무법인이나 공증인 사무실에서 특정 사실 또는 법률관계가 있었는지, 아닌지를 공식적으로 증명하는 행위를 말한다. 흔히 '공증과 인증'을 구별하지 않고 '공증'을 사용하는데, 이 책에

공증	인증
법률행위나 권리에 관한 사실에 대해 공정증서를 만드는 것을 말한다. → 강제집행을 받을 것을 허락하는 의사(강제집행인낙의 의사)를 포함할 수 있다. 강제집행이 가능한 약속어음과 차용증을 공증하는 경우	개인적으로 작성한 문서를 작성자의 진정한 의사(사서증서의 인증)에 따라 작성했음을 증명하는 것이다. → 인증의 효과 : 차용증, 각서, 진술서 등이 위조되거나 작성 당시 작성 명의인이 협박 등을 받지 않고 의사표시의 하자 없이 작성되었다는 점을 증명한다. F 회사와 G 회사 간의 합작투자계약서를 인증받는 경우 C 회사의 대표이사가 작성한 사임서를 인증받는 경우

공증과 인증의 차이점

서도 통칭하여 '공증'으로 쓸 것이다. 하지만 공증과 인증은 의미와 효력 면에서 차이가 있다.

공증은 계약의 효력과 무관하다. 공증하지 않아도 계약서는 완전한 효력이 있다. 그러면 왜 공증을 하는가? 크게 두 가지 이유가 있다.

첫째, 당사자의 의사를 명확히 하고 계약서를 분실했을 때를 대비하기 위함이다. 이러한 계약이 있었고(계약의 존재), 양 당사자의 진정한 의사로 작성되었다는 점을 증명한다. 따라서 계약서가 위조되었다거나 자신의 의사와 관계없이 작성되었다는 주장을 하기 어렵게 만든다(할 수 없는 것은 아니지만 매우 어려워진다).

둘째, '강제집행수락문언'이라는 조항을 넣는 경우 법원의 판결 없이도 강제집행이 가능하다. 다만, 실제로 강제집행을 하려면 집행문을 부여받아야 하는데, 이를 위해서는 그 내용이 명확해야 한다.

H와 I가 5억 원 규모의 투자계약을 체결하면서 공증을 받은 경우 : 추후 H가 "그런 계약을 체결한 적이 없다"라고 주장하기 어려워지며 I는 계약의 존재와 내용을 쉽게 증명할 수 있다.

J가 K에게 2억 원을 빌려주면서 '강제집행수락문언'을 넣어 공정증서를 작성한 경우 : K가 돈을 갚지 않으면 J는 별도의 소송 없이 강제집행을 할 수 있다.

이와 같이 공증은 계약의 존재와 내용에 대한 강력한 증거력을 확보할 수 있고, 분쟁이 일어났을 때 입증에 대한 부담이 줄어들며, 강제집행인낙 조항을 포함했을 때 신속한 권리 실현이 가능하다는 장점이 있다. 하지만 시간과 비용이 들고 소액 또는 단순한 계약의 경우에는 불필요할 수 있다는 단점이 있다. 그러므로 고액의 금전거래나 부동산거래, 장기 임대차계약과 같은 장기간에 걸친 계약, 상대국에서 공증을 요구하는 국제적인 계약, 분쟁 가능성이 높은 계약 등과 같이 공증이 특히 유용한 경우에 하는 것이 좋다. 추후 발생할 수 있는 분쟁의 소지를 줄일 수 있기 때문이다.

결론적으로 공증은 계약의 효력과 직접적인 관련은 없지만 계약의 존재와 내용을 더욱 확실히 증명할 수 있게 해주는 유용한 수단이다. 그러나 모든 계약에 공증이 필요한 것은 아니며 계약의 중요도와 성격에 따라 공증 여부를 결정하는 것이 바람직하다. 일상

적이고 소액의 거래나 단기적인 계약의 경우에는 공증 없이도 충분할 수 있다. 그러므로 계약의 성격과 위험을 고려하여 적절히 판단하는 것이 중요하다.

그런데 이처럼 중요한 공증 서류를 분실하면 어떻게 해야 할까. 공증사무소에 가면 원본을 볼 수 있고 정본이나 등본을 발급받을 수 있다(공증인법 제43조, 제46조, 제50조). 단, 보존기간이 정해져 있다. 증서 원부 25년, 채권에 관한 공정증서 원본 10년, 약속어음 공정증서 원본 10년, 사서증서의 인증서 사본 3년 등(공증 서류의 보존에 관한 규칙 제5조)이다. 따라서 공증한 증서를 분실했다면 이 기간이 지나기 전에 조치를 취해야 한다.

L이 2년 전 공증받은 임대차계약서를 분실한 경우 : L은 공증사무소를 방문하여 해당 계약서의 등본을 발급받을 수 있다.

M이 15년 전 공증받은 금전소비대차계약서를 찾지 못하는 경우 : 채권에 관한 공정증서 원본 보존기간(10년)이 지났으므로 공증사무소에서 해당 문서를 찾지 못할 수 있다.

계약 당사자의 특정

본격적으로 계약서에 대해 알아보기에 앞서 먼저 확인하고 넘어가야 할 문제가 있다. 바로 계약 당사자 특정이다. 계약 당사자란 계약의 권리를 가지고 의무를 지는 자를 말한다. 계약 당사자 특정이란 계약서상의 권리 의무자를 명확히 지정하는 것을 의미한다. 계약 당사자를 잘못 지정했더라도 계약이 무효가 되는 것은 아니지만 진정한 당사자가 누구인지 증명해야 하는 부담이 생긴다.

A와 B가 계약을 체결했는데, 실제로는 A의 동생 C가 계약을 이행해야 하는 경우 : C가 계약의 진정한 당사자임을 증명해야 한다.
D 회사가 E 회사와 계약을 체결했으나 실제로는 D 회사의 자회사인 F 회사가 계약을 이행해야 하는 경우 : F 회사가 계약의 진정한 당사자임을 증명해야 한다.

따라서 계약 당사자를 특정할 때는 정말 주의해야 한다. '주식회사 고우'와 '고우 주식회사'는 언뜻 같은 회사라고 생각할 수 있지만 전혀 다른 회사다. '주식회사 고우'로 계약을 체결해도 '고우 주식회사'에 계약의 이행을 청구할 수 없으므로 법률행위의 주체를 명확히 특정해야 한다.

계약이나 민사소송의 최후 수단은 판결의 집행이다. 원활한 집행을 위해서는 권리자·의무자가 정확히 특정되어야 한다. 특히 법인과 자연인은 '다른' 사람이므로 법인에 대한 채권을 대표이사에게 집행할 수 없다.

G 주식회사가 H에게 1억 원을 빌린 경우 : H는 G 주식회사에 대해서만 채권을 행사할 수 있으며, G 주식회사의 대표이사 개인에게는 채권을 행사할 수 없다.

I 개인사업자가 J와 계약을 체결한 후 법인으로 전환한 경우 : J는 새로 설립된 법인이 아닌 I 개인에게 계약의 이행을 요구해야 한다.

계약 당사자가 불명확한 경우 대법원 판례는 "계약을 체결하는 행위자가 타인의 이름으로 법률행위를 한 경우에 행위자 또는 명의인 가운데 누구를 계약의 당사자로 볼 것인가에 관하여는, 우선 행위자와 상대방의 의사가 일치하는 경우에는 그 일치한 의사대로 행위자 또는 명의인을 계약의 당사자로 확정하여야 하고, 행위자와 상대방의 의사가 일치하지 아니하는 경우에는 그 계약의 성질·내용·목적·체결 경위 등 그 계약 체결 전후의 구체적인 제반 사정을 토대로 상대방이 합리적인 사람이라면 행위자와 명의자 중 누구를 계약의 당사자로 이해할 것인가에 의하여 당사자를 결정하여야 한다"라고 판시했다(대법원 1998. 5. 12. 선고 97다36989 판결).

하지만 계약의 당사자 특정 문제가 법정에서 쟁점이 되었다면 그 계약은 일단 잘못된 계약이다. 계약 당사자는 계약서 작성 단계에서 확실히 정해두지 않으면 나중에 분쟁이 생겼을 때 정말 피곤해진다.

자연인의 경우 이름, 주소, 주민등록번호를 쓰고 서명·날인한다. 법인의 경우 회사명, 대표자, 대표자의 이름 세 가지 요소를 쓴 후에 법인 인감도장을 찍는다. 상대방이 개인사업자인 경우에는 추가로 상호와 사업자 등록번호를 기재하는 것도 좋다.

[자연인]

(갑) 김대호(인)

주민등록번호 741130-0000000

서울 서초구 사평대로 143, 205호

[법인]

(을) 주식회사 고우(법인 등록번호 0000-0000)

서울 광진구 아차산로 187, 302호

대표이사 고윤기(인)

[개인사업자]

(병) 권은비(인)

상호 : ○○○ 상사

사업자등록번호 : 200-00-00000

주민등록번호 950927-2000000

서울 마포구 월드컵 북로23길 14

　자연인이나 개인사업자의 경우 신분증과 인감증명서 등의 유효성을 확인해야 한다. 주민등록증의 진위는 국번 없이 1382번이나 정부24 홈페이지에서, 운전면허증은 경찰청 교통민원24와 정부24 홈페이지에서, 인감증명서는 정부24 홈페이지에서 확인할 수 있다. 신분증을 확인할 수 있는 곳은 종종 변경되므로 인터넷 검색을 통해 확인해보는 것이 좋다.

K가 L과 고액의 부동산 매매계약을 체결하려 할 경우 : L의 신분증과 인감증명서의 진위를 확인한다.

M이 N이라는 개인사업자와 물품 공급계약을 체결하려 할 경우 : N의 사업자등록증과 신분증을 대조하여 확인한다.

법인의 경우 최신의 법인등기부를 발급받아 회사명, 대표자, 대표자의 이름이 정확한지 특별히 주의하여 확인해야 한다. 특히 공동대표나 대표권 제한 규정, 대표자의 현재 권한 유무를 꼼꼼히 확인해야 한다. 법인등기부 표지에서 법인 등록번호와 주소를 확인하고, 임원에 관한 사항에서 대표자를 확인한다. 다만, 회사의 이사가 1인만 있는 경우에는 '대표이사'라는 호칭이 아닌 '사내이사'로 등기에 기재된다. 이 사람이 회사의 대표이사다.

O 주식회사와 P 주식회사가 합작투자계약을 체결하려 할 때 : 양사의 법인 등기부를 확인하여 대표이사의 권한을 확인한다.

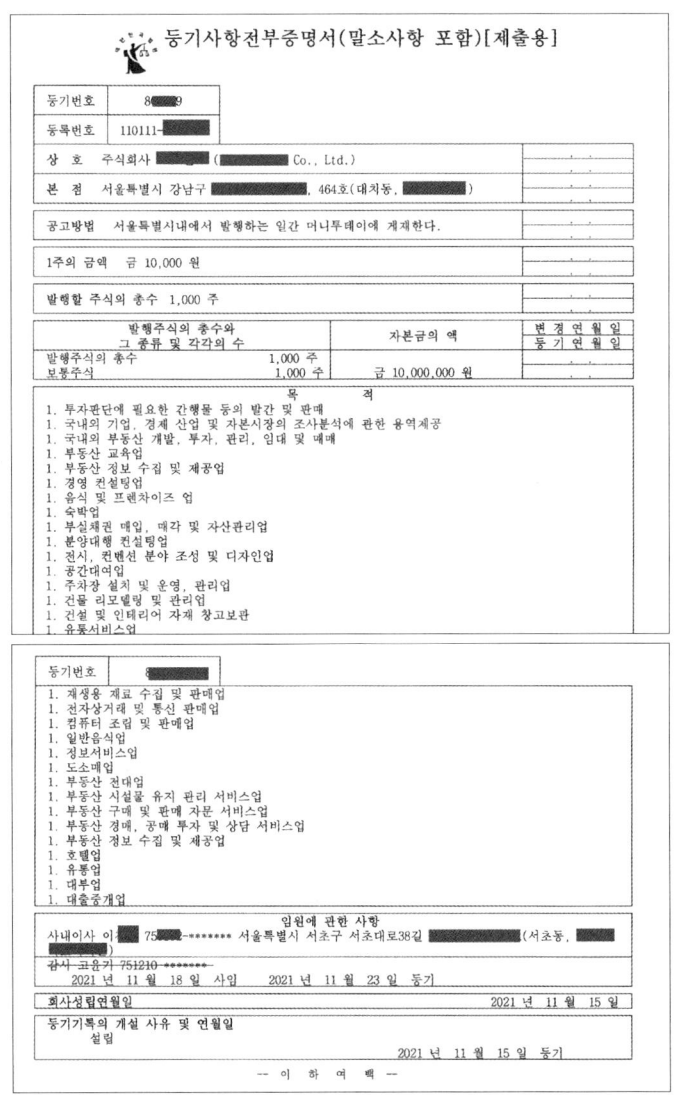

대표이사가 계약서 날인에 직접 참여하지 못하여 대리인이 나온 경우 위임장을 첨부하고 대리인이 계약을 체결했음을 명확히 표시하여 대리권을 분명히 밝혀두어야 한다.

> S 주식회사
> 서울특별시 강남구 테헤란로 123
> 대표이사 권은비
> 위 회사의 대리인 최예나(인)
>
> (별첨 : 위임장)

계약 유지 중 계약 당사자 특정이 변경될 경우가 있는데, 대표적인 예를 몇 가지 살펴보자.

법인의 대표자가 바뀐 경우 : 계약을 변경할 필요가 없다. 법인 자체가 계약의 당사자이기 때문이다.

> T 주식회사의 대표이사가 김민주에서 김채원으로 변경되어도 T 주식회사와 체결한 계약은 그대로 유효하다.

개인사업자의 대표자가 바뀐 경우 : 계약을 변경해야 한다. 개인사업자는 법인과 달리 개인이 직접 계약의 당사자이기 때문이다.

U 철물점의 대표자가 최영호에서 그의 아들 최준호로 바뀌면 기존 계약은 최준호로 변경해야 한다.

계약 상대방의 상호가 바뀌었을 경우 : 반드시 계약을 변경할 필요는 없다. 다만, 혼란을 방지하기 위해 변경 사항을 문서로 만드는 것이 좋다.

V 주식회사가 상호를 W 주식회사로 변경한 경우 기존 계약서의 당사자명을 수정할 필요는 없지만 상호 변경 사실을 별도 문서로 작성하여 첨부하는 것이 좋다.

계약 상대방의 주소가 바뀐 경우 : 계약을 변경할 필요는 없다. 그러나 향후 통지나 송달을 위해 주소 변경 사실을 문서로 남기는 것이 바람직하다.

X와의 계약에서 X의 주소가 변경된 경우, 계약서 자체를 수정할 필요는 없지만 X로부터 주소 변경 통지서를 받아 보관하는 것이 좋다.

계약 당사자 특정은 계약의 기본이자 가장 중요한 요소 중 하나다. 당사자가 명확하지 않으면 계약의 이행이나 분쟁 해결 과정에서 큰 어려움을 겪을 수 있다. 따라서 계약을 체결할 때 당사자의 정확한 인적 사항을 확인하고, 법인의 경우 대표권을 꼼꼼히 확인하며, 필요한 경우 대리권을 명확히 하는 등의 주의를 기울여야 한다. 이러한 세부 사항을 꼼꼼히 확인해야 계약 당사자 특정과 관련된 문제를 예방하고 안전한 계약을 체결할 수 있다.

제3장

계약서 작성 실전 가이드

계약서 작성 단계

계약서 작성은 많은 이에게 어려운 과제로 여겨진다. 특히 기존에 없던 새로운 계약서를 만들어야 할 때 더욱 그렇다. 하지만 체계적인 접근법을 따르면 이 과정을 훨씬 수월하게 진행할 수 있다. 계약서 작성의 첫 단계는 '무엇을', '어떻게', '왜'라는 세 가지 질문에 답하는 것이다.

먼저 '무엇을'은 계약의 성격을 파악하는 것이다. 계약서 작성을 시작하기에 앞서 가장 먼저 해야 할 일은 작성하려는 문서가 개인 대 개인, 개인 대 회사, 회사 대 회사 간의 합의인 계약인지 회사와 다수의 고객 간 일괄적으로 적용되는 계약인 약관인지 파악하는 것이다. 이 구분은 매우 중요한데 계약과 약관은 자유도와 규제 수준에서 차이가 있기 때문이다. 계약은 상대적으로 자유도가 높고 규제가 적은 반면, 약관은 공정성에 대한 요구 사항이 더 엄격하며 약관법의 규제를 받는다.

다음 표를 통해 계약과 약관에 대해 구체적으로 살펴보자.

계약	약관
같은 회사가 부품 공급업체와 맺는 공급계약은 일반적인 계약에 해당한다. 양 당사자가 이 경우 대등한 위치에서 협상할 수 있으므로 계약 자유의 원칙이 더 폭넓게 적용된다.	전자제품 판매회사가 미리 만들어진 계약서를 가지고 소비자와 맺는 구매계약은 약관에 해당한다. 이 경우 약관법에 따라 불공정한 조항은 무효가 될 수 있다.

일단 약관으로 평가될 경우 계약이라면 유효일 조항이 뜻하지 않게 약관법 위반으로 무효가 될 위험이 있다. 어떤 계약이 약관으로 평가될 가능성이 크다면 일반인이 만들기에는 무리일 수 있다. 따라서 '표준약관'을 사용하거나 반드시 변호사에게 자문을 구하는 것이 좋다.

주의할 점은 같은 양식을 여러 거래처와 사용하더라도 개별적인 협상 과정이 있었다면 계약으로 볼 수 있다는 것이다. 이를 입증하기 위해서는 이메일 등으로 협상 과정을 기록해두는 것이 좋다. 이를테면 건설회사가 여러 하청업체와 동일한 양식의 계약서를 사용하더라도 각 하청업체와 개별적으로 조건을 협상하고 그 과정을 이메일로 기록해두었다면 이는 약관이 아닌 개별계약으로 인정받을 가능성이 높다.

> e-mail : 계약서 초안 보내드립니다. 검토 후 수정 사항 보내주세요.
> e-mail : [Re] 수정 요청 사항입니다.
> e-mail : [Re][Re] 수정 요청 사항 검토 결과입니다.

둘째, '어떻게'는 계약서 작성의 시작으로 AI를 활용하여 효과적으로 검색할 수 있다. 계약서 작성을 시작할 때 많은 사람이 가장 먼저 하는 일은 인터넷 검색이다. 하지만 무분별한 검색은 오히려 시간 낭비가 될 수 있다.

상품 매매계약서 작성을 예로 들어 효과적인 검색 방법에 대해 알아보자.

'상품 매매계약서'와 같은 키워드로 검색하면 네이버나 다음 같은 포털사이트에서는 유료 서식 사이트가 상위에 노출된다. 그러나 이런 유료 서식 사이트에 가입할 필요는 없다. 대부분은 이들이 제공하는 서식이 무료로 얻을 수 있는 자료보다 크게 나을 것이 없기 때문이다.

계약서 작성을 위한 효과적인 검색 전략은 먼저 '표준계약서'와 '표준약관'을 검색하는 것이다. 과거에는 구글에서 검색하는 것이 가장 좋았으나 최근에는 검색 전용 AI 엔진 퍼플렉시티를 활용하면 좋은 결과를 얻을 수 있다. '표준계약서'와 '표준약관'을 키워드로 검색하면 공신력 있는 기관에서 제공하는 양질의 자료를 찾을 수 있다.

우선 정부기관이나 관련 협회 웹사이트를 확인해본다. 많은 정부기관과 업종별 협회에서 표준계약서를 개발하여 제공하고 있다. 관련 분야의 정부 부처나 협회 웹사이트를 직접 방문하여 검색해보는 것도 좋은 방법이다. 표준계약서 검색 방법 및 활용법은 '표준계약서의 검색 및 활용법'에서 자세히 다룰 것이다.

만약 적절한 참고 자료를 찾지 못했다면 뒤에 언급하는 '계약서 작성 3단 만능 포맷'을 활용할 수 있다. 계약서에 필요한 내용을 빠짐없이 넣을 수 있기 때문이다.

셋째, '왜'는 '검토'를 의미한다. 계약서 작성에서 '왜'라는 질문은 계약서 검토 과정을 의미한다. 주의할 점은 처음부터 '왜'를 지나치게 의식하며 계약서를 작성하면 오히려 역효과가 날 수 있다는 것이다. 균형을 심하게 잃거나 기본적인 내용이 누락될 수 있기 때문이다. 따라서 먼저 기본 포맷 형식에 따라 필요한 내용을 모두 포함한 초안을 작성한 후 초안 완성 후 '왜'의 관점에서 각 조항을 검토하고 수정한다.

다음 사례를 통해 '왜' 검토 과정을 구체적으로 살펴보자.

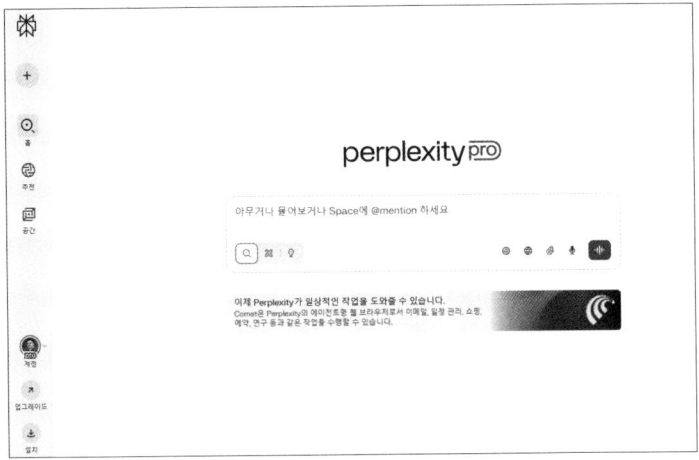

퍼플렉시티 AI를 활용한 효과적인 검색 전략

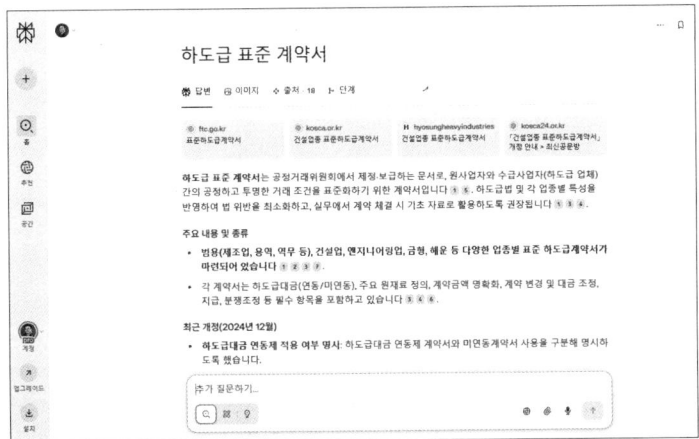

검색 전문 AI 퍼플렉시티를 활용하여 표준계약서를 검색했을 때 검색 결과에서 관련 사이트, 참조 사이트로 바로 연결이 가능하다. 검색 결과 옆의 숫자를 클릭하면 해당 링크로 이동한다. 단순히 표준계약서를 검색해주는 것만이 아니라 최근 개정 사항 등 관련 내용도 같이 검색된다.

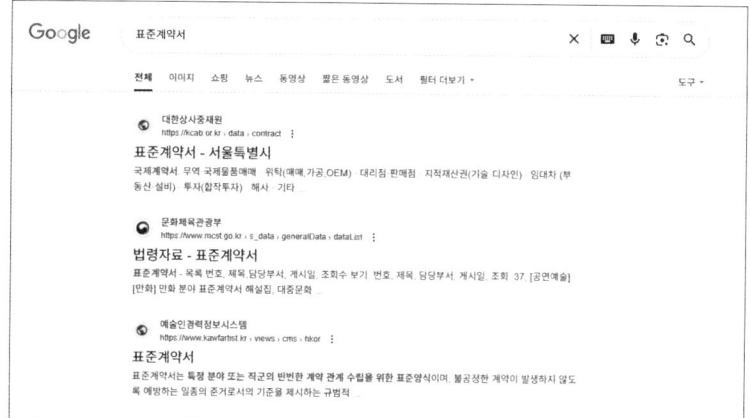

구글의 검색 화면

공정거래위원회 사이트 - 정보 공개

> 이전에 갑과 '구두'로 오래 거래해왔다. 그런데 물품 공급이 지체되고 품질이 안 좋았는데 배상을 못 받은 문제가 발생했다. 이에 명문으로 계약서를 작성하려고 한다.

이 사례에서 중점적으로 검토해야 할 사항은 다음과 같다.

품질 기준의 정의 : 이전에 품질 문제가 있었으므로 명확한 품질 기준을 설정해야 한다.
납품 기일의 명확한 규정 : 과거에 물품 공급 지체 문제가 있었으므로 납품 기일을 명확히 해야 한다.
지체상금 기준의 규정 : 납품 지체에 대한 제재를 통해 적시 납품을 유도해야 한다.
손해배상채권의 물품 대금 상계 권리 규정 : 과거에 배상받지 못한 경험이 있으므로 확실한 배상 방법을 마련해야 한다.
보증보험 제출 요구 : 계약 이행을 담보할 수 있는 추가적인 안전장치가 필요하다.

계약서 작성 만능 3단 포맷

계약서 작성 만능 3단 포맷이란 머리, 몸통, 꼬리로 나누어 설명하는 것을 말한다. 이 형식을 바탕으로 계약서를 작성하면 누락하는 내용 없이 모두 넣을 수 있다.

설명의 편의상 계약서를 머리, 몸통, 꼬리로 나누었지만 전통적으로 계약서 조항은 크게 개별 규정과 공통 규정으로 나누어 설명한다. 개별 규정은 특정 계약의 특성에 맞게 필요한 조항들로 주로 계약서의 몸통 부분에 해당한다. 이를테면 매매 대금, 소유권 이전, 하자 담보 책임의 매매계약과 임대기간, 임대료, 보증금, 원상 복구 의무의 임대차계약, 용역의 범위, 대금 지급 조건, 지식재산권의 용역계약이 해당한다. 공통 규정은 모든 계약서에 기본적으로 삽입되는 조항들이다. 이를 '계약서의 꼬리'라는 표현으로 설명한다. 예를 들어 보증 조항, 권리양도 금지, 손해배상, 완전계약 조항 등이 해당한다.

이러한 규정은 때때로 관리 규정과 권리 규정이라는 용어를 사용하기도 한다. 이는 계약의 관리적 측면과 실질적인 권리·의무 관계를 구분하여 이해하는 데 도움을 줄 수 있다.

그러므로 계약서를 작성할 때 머리, 몸통, 꼬리의 3단 포맷을 만들어놓으면 쉽게 응용할 수 있다. 이제 계약서 작성 만능 3단 포맷을 어떻게 만드는지 살펴보자.

머리 : 제목부터 정의까지

계약서의 시작 부분으로 제목부터 정의까지를 포함한다. 계약의 기본적인 정보를 제공하며 제목, 전문, 목적, 정의의 네 가지 요소로 구성된다. 계약의 기본 틀을 잡아주는 역할을 한다. 각 요소의 역할을 간단히 살펴보면 다음과 같다.

첫째, '제목'에서는 계약의 성격과 내용을 간략히 표현한다.

[**머리** = 제목 + 전문 + 1조(목적) + 2조(정의)]

○○○ 계약서

주식회사 ○○○(이하 '갑')과 주식회사 ○○○○(이하 '을')은 상호 신의로서 성실히 이행할 의사로 다음과 같이 계약(이하 '본 계약'이라 한다)을 체결한다.

1조(목적)
본 계약의 목적은 갑이 상품을 공급하고 을이 상품을 판매하여 그 수익을 분배하는 데 세부 사항을 정하기 위함이다.

2조(정의)
본 계약에서 사용하는 용어의 정의는 다음과 같다.
① 상품 : 갑이 생산하여 갑의 ○○상표를 부착한 신발류 상품

계약서와 관련하여 가장 많이 묻는 질문 중 하나는 "약정서라는 이름으로 서류를 작성했는데, 상대방이 계약을 이행하라고 합니다. 계약서로서 효력이 있나요?"와 같이 제목과 관련한 것이다. 따라서 계약서의 제목은 단순히 문서 이름이 아니라 계약의 내용과 성격을 가장 잘 나타내는 부분이므로 제목을 통해 계약의 핵심 내용을 즉시 파악할 수 있어야 한다. 제목은 계약서를 작성할 때 다음과 같은 이유로 가장 먼저 고민하게 된다.

첫인상 형성 : 계약서를 처음 접하는 사람에게 계약의 성격에 대한 첫인상을 제공한다.

내용 예측 : 제목을 통해 계약의 대략적인 내용을 예측할 수 있게 한다.

법적 해석의 기초 : 분쟁이 발생했을 때 재판부가 계약의 성격을 파악하는 데 도움을 준다. 예를 들어 '전략적 제휴계약서'라는 제목은 단순한 거래 관계가 아닌 장기적이고 포괄적인 협력 관계를 암시한다.

그렇다면 제목을 어떻게 지어야 할까? 민법은 계약서 제목에 대해 특별한 형식을 규정하고 있지 않다. 다만, 민법 제3편 제2장에서는 15가지의 전형계약[2]을 규정하고 있다. 이를 '전형계약'이라 하며 그 밖의 계약 형태를 '비전형계약'이라 한다.

계약서 제목을 정하는 방법은 다음과 같다.

전형계약 활용 : 민법상 15개 전형계약 중 하나를 그대로 사용한다. 예) '매매계약서', '임대차계약서'

전형계약 + a : 전형계약에 구체적인 내용을 덧붙인다. 예) '○○빌딩 도급계약서', '△△상품 위탁판매계약서'

비전형계약 : 예) '프랜차이즈계약서', '시스템 통합 용역계약서'

복합적 성격의 계약 : 예) '투자 및 주주 간 계약서', '합작투자 및 기술 이전 계약서'

---

2 [민법상 전형계약] 증여, 매매, 교환, 소비대차, 사용대차, 임대차, 고용, 도급, 여행계약, 현상 광고, 위임, 임치, 조합, 종신정기금, 화해.

계약서의 성격을 명확히 규정하기 어려운 경우 : 단순히 '계약서'라고 명명한다.

다만, 계약서 제목을 정할 때 주의해야 할 점이 있다. 계약서 내용은 제목이 아닌 본문에 따라 결정하고, '양해각서MOU'를 사용할 때는 내용상 구속력이 있는지 주의 깊게 검토해야 하며, '의향서', '협정서' 등 모호한 제목은 피하는 것이 좋다. 그리고 계약의 핵심 내용과 제목이 일치하도록 한다.

하지만 법원은 기본적으로 계약서 제목에 구애받지 않고 계약 조항의 해석에 따라 판단한다. 대법원 판례에 따르면 계약 내용을 해석할 때는 문언의 객관적 의미가 명확한 경우 그대로 인정하되, 명확하지 않은 경우에는 계약의 동기, 목적, 당사자의 진정한 의사 등을 종합적으로 고려하여 합리적으로 해석해야 한다(대법원 2016. 12. 15. 선고 2016다238540 판결 등).

[사례 1] 투자계약서

> A 회사와 B 투자자 간 '투자계약서'라는 제목의 문서를 작성했으나 내용상 B가 A에게 자금을 대여하고 이자를 받기로 한 경우, 법원은 이를 실질적인 '금전소비대차계약'으로 해석할 수 있다.

[사례 2] 양해각서

> C 기업과 D 기업이 '사업 협력 양해각서'를 체결했는데, 그 내용에 구체적인 의

무 이행과 위약금 조항이 포함되어 있다면 법원은 이를 구속력 있는 계약으로 해석할 수 있다.

마땅한 제목이 생각나지 않는다면 AI로 계약서의 제목을 만들어보자. 먼저 계약서를 첨부하고 기본 1차 프롬프트를 입력한 후 "계약서의 핵심 내용을 참조하여 계약서의 제목을 만들어주세요"라고 명령해보자.

명령

"첨부한 계약서의 핵심 내용을 참조해서 계약서의 제목을 만들어주세요."

AI 답변

제공된 문서의 내용을 바탕으로 계약서의 제목을 다음과 같이 제안합니다.

"(주)△△인터내셔널 장안 제7물류센터 위험물 저장소 신축 및 A 부지 철거 공사 도급 변경계약서"

이 제목은 다음과 같은 계약서의 핵심 내용을 반영하고 있습니다.

1. 계약 당사자 : (주)△△인터내셔널(도급인)과 □□산업 주식회사(수급인)
2. 공사 내용 : 장안 제7물류센터 위험물 저장소 신축 및 A 부지 철거 공사
3. 계약 종류 : 도급계약
4. 계약 성격 : 변경계약(기존 계약 수정)

> 이 제목은 계약의 주요 요소를 포함하면서도 간결하게 표현하고 있습니다. 필요에 따라 계약 금액이나 날짜 등의 세부 정보를 추가할 수 있지만 일반적으로 이러한 정보는 제목보다는 계약서 본문에 포함되는 것이 좋습니다.

계약서의 제목은 계약의 성격을 대표하는 중요한 요소지만 절대적인 것은 아니다. 제목보다는 실제 계약 내용이 법적 해석의 핵심이 된다. 따라서 계약서를 작성할 경우 제목과 내용의 일관성을 유지하고 명확하고 간결한 제목을 사용하여 불필요한 오해와 분쟁을 예방하는 것이 중요하다. 또한 계약의 실질적 내용을 잘 반영하는 제목을 선택함으로써 계약 당사자들의 의도를 명확히 하고 향후 발생할 수 있는 법적 분쟁의 소지를 줄일 수 있다.

둘째, '전문'에서는 계약 당사자와 계약 체결 일자 등 기본 정보를 제공한다. 계약서 전문前文은 본문에 들어가기 전 계약의 도입부에 위치하는 부분이다. 흔히 "아래와 같이 계약을 체결한다"라는 문구로 끝나는 부분까지를 전문으로 본다. 전문은 계약의 기본적인 틀을 제시하고 계약 체결의 배경과 목적을 간략히 설명하는 역할을 한다.

흔히 계약 당사자의 약칭('갑', '을')을 정의하는데, 이는 계약 본문에서 당사자를 지칭할 때 혼란을 방지한다. 특히 다자간 계약에서 당사자들의 역할을 명확히 할 수 있다는 이점이 있다.

작성법을 살펴보자.

[기본형]

> 주식회사 ○○○(이하 '갑')과 주식회사 ○○○○(이하 '을')은 상호 신의로서 성실히 이행할 의사로 다음과 같이 계약(이하 '본 계약'이라 한다)을 체결한다.

→ 계약 체결의 주체가 회사인지 개인인지 분명히 한다.

셋째, '목적'은 계약서 초반부에 위치하며 해당 계약을 체결하는 이유와 계약을 통해 달성하고자 하는 바를 명시하는 부분이다. 따라서 계약의 전체적인 방향과 의도를 제시하여 계약 내용의 해석과 이행에 중요한 지침이 된다. 보통 계약서 제1조에 위치한다.
작성법을 살펴보자.

[기본형]

> **제1조**(목적)
> 본 계약의 목적은 갑이 ○○○○하고, 을이 상품을 ○○○○하여 ○○○○하는 데 갑과 을의 권리 의무를 정하기 위함이다.

→ ○○○○ 안에 몸통 부분에서 자세하게 규율할 갑과 을의 주된 의무를 나열하면 된다.

앞의 기본형을 바탕으로 작성한 예는 다음과 같다.

[예시 1]

> **제1조**
> 본 계약의 목적은 갑이 상품을 공급하고, 을이 갑이 공급한 상품을 판매하여 그 수익을 배분하는 데 갑과 을의 권리 의무를 정하기 위함이다.

[예시 2]

> **제1조**
> 본 계약의 목적은 갑이 을의 상품 개발에 투자하고, 을이 상품 개발을 하여 발생하는 장래 수익을 배분하는 데 갑과 을의 권리 의무를 정하기 위함이다.

[예시 3]

> **제1조**
> 본 계약의 목적은 갑과 을이 공동으로 ○○매장을 운영하고 수익을 배분하는 데 필요한 갑과 을의 권리 의무를 정하기 위함이다.

전문과 목적 조항은 계약서 도입부에 위치하며 계약의 전반적인 내용과 의도를 간략하게 설명하는 역할을 한다. 이 두 조항은 때로 중복되는 내용을 다루기도 한다. 계약의 성격과 복잡성에 따라 둘 중 하나만 사용하거나 때에 따라서는 둘 다 생략하기도 한다.

그러나 전문과 목적 조항이 필요한 이유는 계약의 대략적인 내용을 한눈에 파악할 수 있게 해주기 때문이다. 이는 계약 당사자가 계약의 핵심을 빠르게 이해할 수 있고, 분쟁이 발생했을 때 제3자

(판사, 중재인)가 계약의 전반적인 내용을 신속하게 파악할 수 있으며, 복잡한 계약은 전체 구조를 파악하는 데 도움이 된다는 이점이 있다.

작성 사례를 보며 전문과 목적 조항을 좀더 자세히 살펴보자.

[상세형]

> 대한민국 서울에 본사를 둔 '글로벌 소프트웨어 주식회사'(이하 '갑'이라 한다)와 인도 벵갈루루에 본사를 둔 '인디아 IT 솔루션즈'(이하 '을'이라 한다)는 인공지능AI 기반 금융 솔루션 개발을 위한 전략적 제휴계약을 다음과 같이 체결한다. 본 계약은 양사의 기술력과 시장 경험을 결합하여 혁신인 금융 솔루션을 개발하고 이를 통해 아시아 금융 시장에서의 경쟁력을 강화하고자 하는 목적으로 체결되었다.
>
> **제1조**(목적)
> 본 계약은 다음과 같은 목적을 달성하기 위하여 체결한다.
> 1. '갑'의 AI 기술과 '을'의 금융 시스템 개발 경험을 결합한 새로운 AI 기반 금융 솔루션의 공동 개발
> 2. 개발된 솔루션의 아시아 금융 시장 내 공동 마케팅 및 판매
> 3. 기술 및 시장 정보의 교류를 통한 양사의 역량 강화
> 4. 향후 5년간 아시아 금융 기술 시장에서 25% 이상의 시장 점유율 달성

이번에는 AI로 전문과 목적 조항을 만들어보자. 계약서를 첨부

하고 기본 1차 프롬프트를 입력한 후 "계약서의 핵심 내용을 참조하여 계약서의 전문과 목적 조항을 만들어주세요"라고 명령한다.

명령

"첨부한 계약서의 핵심 내용을 참조하여 계약서의 전문과 목적 조항을 만들어주세요."

AI 답변

제공된 계약서의 핵심 내용을 바탕으로 전문과 목적 조항을 다음과 같이 작성했습니다.

(전문)
본 계약은 20××년 ××월 ××일, 재단법인 TTT재단(이하 '갑'이라 한다)과 SS건설(주)(이하 '을'이라 한다) 간에 체결되었다.

제1조(목적)
본 계약은 갑이 발주하고 을이 시공하는 '중국 청도 연수원 용도 변경 공사'(이하 '본 공사'라 한다)의 원활한 수행을 위해 계약 당사자의 권리와 의무를 명확히 하고 공사의 절차와 방법 등 제반 사항을 정함으로써 상호 이익과 발전을 도모하는 것을 목적으로 한다.

이 전문과 목적 조항은 다음과 같은 계약서의 핵심 내용을 반영하고 있습니다.

> 1. 계약 당사자 : 재단법인 TTT재단(갑)과 SS건설(주)(을)
> 2. 공　사　명 : 중국 청도 연수원 용도 변경 공사
> 3. 계약의 성격 : 건설 공사 도급계약
> 4. 계약의 목적 : 공사의 원활한 수행, 당사자의 권리와 의무 명확화, 상호 이익과 발전 도모

이와 같이 전문과 목적 조항은 계약의 기본적인 틀을 제시하고 당사자들의 의도를 명확히 하는 중요한 역할을 한다. 특히 계약 체결의 중요한 동기나 전제 조건을 명시함으로써 추후 발생할 수 있는 분쟁을 예방하거나 해결하는 데 도움을 줄 수 있다.

넷째, '정의'에서는 계약서에서 사용되는 주요 용어의 의미를 명확히 한다. 즉 계약서에서 사용되는 주요 용어나 개념에 대해 명확한 의미를 미리 정해놓는 조항이다. 이는 계약 당사자 간의 해석 차이에서 비롯되는 분쟁을 예방하고 계약의 명확성과 일관성을 높이는 역할을 한다. 이처럼 정의 조항은 불확정 개념이나 전문 용어에 주로 사용되는데, 특히 복잡하거나 장기적인 계약에서 중요하다. 또한 금전 소비대차나 단순 매매와 같은 간단한 계약에는 일반적으로 포함하지 않는다.

예시를 살펴보자.

[IT 서비스계약]

'서비스 수준 협약SLA'이란 본 계약에 따라 제공되는 서비스의 품질, 가용성, 책임 사항 등을 정의한 [별첨 1]의 문서를 말한다.

[프랜차이즈계약]

'로열티'란 가맹점이 상표 사용 및 영업 노하우 제공의 대가로 가맹본부에 지급하는 금액으로 월 매출의 5%에 해당하는 금액을 말한다.

정의 조항은 계약서상의 애매한 용어, 단어, 규정 때문에 발생할 수 있는 계약 분쟁을 예방하는 데 필수적이다. 계약의 적용 여부가 문제될 때 '정의'를 상세히 해놓으면 그 판단이 쉬워져 책임을 묻기 쉽지만 '정의'를 두리뭉실하게 해놓으면 그 판단이 어려워 책임을 묻기 어려워진다. 다음의 사례를 통해 알 수 있듯 정의가 불명확하면 분쟁이 발생한다.

[사례 1]

건설계약에서 '공사 완료'의 정의가 불명확하여 분쟁이 발생했다. 시공사는 건물의 기본 구조가 완성된 시점을 '공사 완료'로 주장한 반면, 발주처는 모든 내부 마감과 부대시설이 완성된 시점을 '공사 완료'로 주장했다. 이로 인해 공사대금 지급 시기와 지체상금 발생 여부에 대한 분쟁이 일어났다.

[사례 2]

> 기술 라이선스계약에서 '순매출'의 정의가 불명확하여 로열티 산정에 문제가 발생했다. 라이선스 제공자는 할인과 판촉 비용을 제외하기 전의 금액을 '순매출'로 주장한 반면, 라이선스 사용자는 이를 제외한 후의 금액을 '순매출'로 주장했다.

그러므로 분쟁이 발생하지 않도록 정의 조항을 명확히 규정해놓아야 하는데 언제, 어떻게 작성하는 것이 좋을까? 먼저 계약서 초안 작성 후에 정의 조항을 만드는 것이 효율적이다. 이는 실제 계약 내용을 모두 검토한 후 필요한 용어를 정확히 파악할 수 있기 때문이다. 좀더 구체적으로 소프트웨어 개발계약을 예로 들면 '소프트웨어', '개발 완료', '하자', '지식재산권', '기밀 정보', '인수 테스트' 등과 같은 주요 용어를 추출하고 애매한 단어와 문구를 정리하는 것이 좋다. 가령 '합리적인 노력'이라는 표현이 여러 번 사용된 경우 이를 '상거래 관행상 통상적으로 요구되는 수준의 노력'으로 정의한다.

다만 정의 조항을 규정할 때 주의할 점이 있다. 먼저 정의 규정에 정의된 단어를 사용할 때는 일반 용어와 구별하기 위해 반드시 문장 부호(" ", [ ], ' ')를 빠뜨리면 안 된다. 국문 계약서에서는 크게 문제삼지 않지만 영문 계약서에서는 중요하다. 다음으로는 순환 정의 금지를 금지한다. 마지막으로는 법률 용어를 정의할 때 주의해야 한다. 이를테면 '중소기업'의 정의를 계약에서 별도로 정의할 때는 「중소기업기본법」의 정의와 충돌하지 않도록 해야 한다.

잘못된 예	올바른 예
공작기계, 제품	"공작기계", '제품'
'계열사'란 본 계약에서 정의된 계열사를 의미한다.	'계열사'란 「독점규제 및 공정거래에 관한 법률」 제2조 제3호에서 정의된 계열회사를 의미한다.

정의 조항 규정할 때 주의할 점

이제 다음 사례를 바탕으로 정의 규정을 만들어보자.

> 을은 갑이 직접 국내에서 생산한 상품만을 대상으로 계약을 체결한 것으로 이해하고 있었으나 OEM 상품이나 중국 생산 제품이 공급된 경우 을은 갑에게 계약 위반을 주장할 수 있을까?

[작성례 1]

제2조(정의)

상품 : 갑의 OO 상표를 부착한 신발류 상품

상품 : 갑이 직접 생산하여 갑의 OO 상표를 부탁한 신발류 상품

상품 : 갑이 직접 국내 생산하여 갑의 OO 상표를 부착한 신발류 상품

[작성례 2] 정의 규정을 다단으로 만들 수도 있다!

제2조(정의)

① 상품 : 갑이 국내 생산하여 갑의 상표를 부착한 신발류 상품

> ② 국내 생산 : 갑이 제시한 공장 중에서 을이 시제품검사를 통하여 생산공
> 장으로 인정한 국내에 주소가 있는 공장을 통하여 생산하는 것
> ③ 갑의 상표 : 갑이 상표권자인 출원번호 ○○○○○○ 상표

이와 같이 정의 조항을 만들면 계약서의 문제점이 보이므로 계약서를 재검토하는 것이 필요하다. 정의 조항 작성 과정에서 다음과 같은 문제점을 발견할 수 있다. '납품'과 '인도'라는 용어가 혼용되고 있거나, '중대한 과실'이라는 용어가 쓰였지만 그 기준이 불명확함을 인지하거나, '시장가격'이라는 용어가 쓰였지만 그 산정 기준이 모호함을 발견할 수 있다.

사례를 통해 계약서의 문제점을 살펴보자.

> C 전자와 D 부품사가 체결한 장기 공급계약에서 '시장가격'이라는 용어를 정의하지 않았다. 계약서에는 "부품가격은 시장가격을 기준으로 매년 조정한다"라는 조항이 있었다. 2년 후 원자재가격이 급등하자 D 부품사는 가격 인상을 요구했지만 C 전자는 경쟁사의 낮은 견적가를 근거로 이를 거부했다. 결국 양사는 '시장가격'의 정의를 두고 법적 분쟁에 휘말렸다.

이 사례에서 계약을 체결할 때 '시장가격'을 '매년 12월 31일을 기준으로 국내 상위 3개 경쟁업체의 해당 부품 공급가격의 평균'과 같이 명확히 정의했다면 이러한 분쟁은 예방할 수 있었을 것이다.

정의 조항에서 이러한 문제점을 줄이기 위해 AI의 도움을 받아

정의 규정을 만들어보자. 계약서를 첨부하고 기본 1차 프롬프트를 입력한 후 다음 예시와 같이 명령어를 나누어 입력한다.

명령 1

"첨부한 파일은 계약서 초안입니다. 이 계약서에 들어갈 정의 조항을 만들려고 합니다.
정의 조항은 계약서에서 사용되는 주요 용어나 개념에 대해 명확한 의미를 미리 정해놓는 조항입니다.
먼저 정의 규정에서 들어가야 할 단어를 뽑아주세요."

AI 답변

계약서를 세심히 검토한 결과 다음과 같은 주요 용어들이 정의 조항에 포함되어야 할 것으로 판단됩니다. 이러한 용어들을 명확히 정의함으로써 계약 당사자 간의 이해를 증진하고 향후 발생할 수 있는 해석상의 분쟁을 사전에 방지할 수 있을 것입니다.

1. 도급인('갑')

2. 수급인('을')

3. 현장대리인

(하략)

명령 2

"앞의 내용들을 정의 규정으로 만들어주세요."

AI 답변

제2조(정의)

이 계약에서 사용하는 용어의 정의는 다음과 같다.

① '도급인'(이하 '갑'이라 한다)이라 함은 본 건설 공사를 발주하고 그 대가를 지급하는 계약의 일방 당사자를 말한다.

② '수급인'(이하 '을'이라 한다)이라 함은 본 건설 공사를 도급받아 이를 완성할 것을 약정하는 계약의 상대방 당사자를 말한다.

③ '현장대리인'이라 함은 수급인이 선임한 자로서 공사 현장에 상주하며 공사 전반에 관한 책임과 권한을 가진 자를 말한다. (하략)

앞의 정의 규정 중 좀더 자세히 규정할 필요가 있는 용어가 있다면 다음과 같이 추가로 명령한다.

명령 3

"현장대리인에 대한 정의 규정을 좀더 자세히 만들어주세요."

AI 답변

'현장대리인'이라 함은 다음 각 호의 요건을 충족하는 자를 말한다.

a) 수급인이 해당 공사의 시공 및 관리를 위하여 선임한 자로서 건설산업기본법령에 따라 당해 공사의 주된 공정에 상응하는 건설 기술 자격을 갖춘 자

b) 공사 현장에 상주하며 공사 전반에 관한 책임과 권한을 가진 자

c) 시공에 관한 일체의 사항에 대하여 수급인을 대리하는 자

d) 다음과 같은 업무를 수행하는 자

- 공사 현장의 운영 및 관리

- 하도급 업체 관리 및 조정

- 공사 품질, 안전, 환경 관리

- 공정 관리 및 자재 조달 관리

- 도급인 또는 공사 감독관과의 소통 및 조정

- 현장 인력 관리 및 노무 관리

- 관련 법규 및 계약 조건의 준수 감독

e) 수급인으로부터 제반 권한을 위임받아 현장에서 발생하는 모든 상황에 대해 수급인을 대신하여 의사결정을 할 수 있는 자

f) 도급인이 해당 인물의 자격이나 능력이 현저히 부적당하다고 판단할 경우 도급인의 요구에 따라 교체될 수 있는 자

결론적으로 정의 조항은 계약의 해석과 이행에 중요한 역할을 한다. 계약 당사자들은 정의 조항 작성에 충분한 주의를 기울여 향후 발생할 수 있는 해석의 차이나 분쟁을 미리 방지해야 한다. 특히 장기계약이나 고액계약에서는 법률 전문가의 조언을 받아 정의 조항을 더욱 정교하게 작성하는 것이 바람직하다.

계약서의 몸통—권리 의무 규정과 개별 상세 규정 만들기

계약서의 핵심 부분으로 당사자들의 권리와 의무를 명시한다. 이 부분은 계약의 내용에 따라 다양하게 구성된다(개별 규정). 즉 어떤

계약서를 작성하느냐에 따라 그 내용이 크게 달라지는데, 가장 기본적인 내용을 중심으로 살펴보자.

> **제2조**(갑의 의무) + **제3조**(을의 의무) + 개별 상세 규정
> 1. '권리'보다는 '의무'를 중심으로 기술한다!
> 2. 여러 가지 '의무'는 의무를 이행할 시간 순서대로 기술한다!
> 3. '갑'의 의무를 먼저 기술하고 대응되는 '을'의 의무를 기술한다!

권리 의무 규정을 작성할 때는 다음을 유의한다. 먼저 '권리'보다는 '의무'를 중심으로 기술한다. 의무는 구체적인 행위나 금지 사항으로 표현되어 더 명확하고, 의무로 표현하면 실제 이행해야 할 사항이 분명해지기 때문이다. 또한 각 당사자의 의무를 명확히 함으로써 향후 분쟁의 소지를 줄일 수 있다. 예를 들어 "갑은 상품을 공급할 권리를 가진다"보다는 "갑은 상품을 공급할 의무를 진다"로 표현하는 것이 더 명확하고 구체적이다.

둘째, 시간 순서에 따라 기술한다. 이렇게 하면 계약 이행 과정을 시간순으로 파악할 수 있어 이해하기 쉽고 의무 이행의 전 과정을 순차적으로 검토함으로써 중요한 의무가 누락되는 것을 방지할 수 있다.

셋째, '갑'과 '을'의 의무를 순차적으로 기술한다. 예를 들어 갑의 상품 공급 의무에 대응하여 을의 대금 지급 의무를 기술하는 식이다. 이렇게 하면 각 당사자의 의무가 어떻게 상호 연관되는지 쉽게 파악할 수 있게 해주고(대응 관계의 명확성) 양 당사자의 의무를 나란

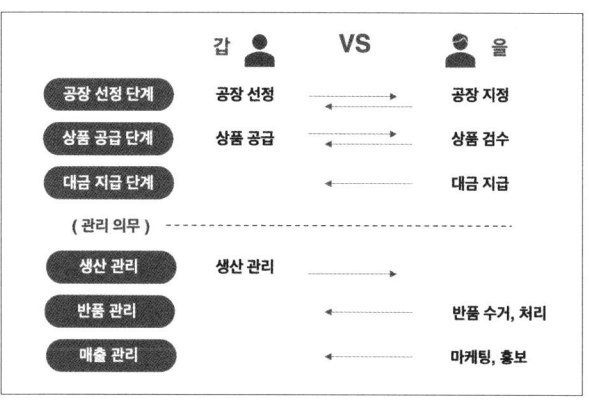

시간 순서대로 흐름도를 그려보되, 시간에 관계없이 계약기간 중 계속 필요한 관리 의무도 같이 정리한다!

히 비교함으로써 계약의 형평성을 검토하기 쉽다(형평성 확인).

넷째, 시간 흐름도를 만든다. 의무를 시간 순서대로 기술하면 누락되는 내용이 없어진다. 먼저 갑과 을의 의무를 기술해놓은 후 시간 순서대로 양쪽의 의무를 비교하면서 살펴보면 다시 한번 빠지는 것을 점검할 수 있다.

다섯째, 시간 흐름도에서 갑의 의무를 시간 순서대로 추출하여 정리한다. 그다음에 갑의 의무에 대응하는 을의 의무를 정리한다.

제2조(갑의 의무)

1. 갑은 상품을 국내 생산할 공장을 세 곳 이상 선정하여 을에게 통보한다.
2. 갑은 을에게 상품 공급 일정에 따라 상품을 공급한다.
3. 갑은 상품 공급 일정에 따른 상품 공급량을 유지할 수 있도록 생산라인을 관리한다.

이와 같은 효과적인 권리 의무 규정은 계약의 핵심을 이루며 당사자 간의 관계를 명확히 정립하는 데 중요한 역할을 한다.

이어서 개별 상세 규정도 작성해보자. 개별 상세 규정은 계약의 핵심 내용을 구체화하고 계약 이행을 담보하는 중요한 역할을 한다. 이는 단순한 의무 규정만으로는 충분히 다루기 어려운 복잡한 상황이나 특수한 조건을 상세히 규정하는 데 필요하다.

> 제2조(갑의 의무) + 제3조(을의 의무) + **개별 상세 규정**
>
> 개별 상세 규정으로 정해야 하는 대상?
>
> 의무 규정만으로는 부족! → 구체화가 필요한 규정!
>
> 꼭 지켜져야만 하는 규정! → 위반시 벌칙과 위반을 대비한 담보 규정을 같이!

개별 상세 규정으로 정해야 하는 대상은 크게 두 가지로 나눌 수 있다.

첫째, 구체화가 필요한 규정이다. 의무 규정만으로는 불충분한 경우 해당 의무의 이행 방법, 시기, 조건 등을 구체적으로 명시한다. 이는 계약 당사자 간의 오해를 방지하고 의무 이행의 명확한 기준을 제시한다.

둘째, 반드시 지켜져야 하는 규정이다. 계약의 본질적 내용이나 중요한 의무 사항의 경우 위반했을 때 벌칙과 위반을 대비한 담보 규정을 함께 마련한다. 이는 계약 이행을 강제하고 위반시 대응 방안을 미리 준비하는 효과가 있다.

다음 사례는 앞의 내용을 토대로 개별 상세 규정을 작성한 것이다.

제6조(대금 지급)

1. 을은 전월 상품 총판매 수량에서 전월 반품 수량을 공제한 최종 상품 판매량을 매월 10일까지 갑에게 통보한다.
2. 갑은 위 제1항에서 을이 통보한 수량에 따른 세금계산서를 매월 15일까지 을에게 발행한다.
3. 을은 매월 20일까지 위 제2항의 세금계산서에 따른 상품 대금을 갑이 지정한 아래 대금 지급 계좌로 지급한다.
   신한은행 100-0000-00000 예금주 : ○○주식회사
4. 을이 상품 대금을 지체할 경우 지체 금액의 연 20%에 해당하는 지연이자를 일수로 계산하여 지급해야 한다.
5. 위 상품 대금 및 지연이자의 담보를 위하여 을은 갑에게 보증보험기관이 발행한 보증금 1억 원에 해당하는 보증보험증서를 제공한다.

AI를 활용하여 지금까지 살펴본 계약서의 몸통을 만들어보자.

명령 1 _____

"을은 제조업자인 갑에게 화장품 생산을 의뢰하여 이 화장품을 판매하려고 합니다. 관련 계약서를 작성하기 전에 갑과 을이 해야 할 일을 시간 순서대로 나열해주세요."

AI 답변

화장품 제조 및 판매를 위한 시간 순서별 업무 흐름을 작성해드리겠습니다.

시간 순서대로 본 갑(제조업자)과 을(판매자)의 업무 흐름

을 : 화장품 제품 사양 및 요구 사항 정의

을 : 갑에게 화장품 제조 의뢰 및 견적 요청

갑 : 제조 견적 및 일정 제안

을 : 견적 검토 및 승인

갑 과 을 : 계약서 작성 및 계약 체결

을 : 초기 선금 지급

갑 : 원료 조달 및 생산 준비

갑 : 샘플 제작 및 을에게 제공

을 : 샘플 검토 및 승인 또는 수정 요청

갑 : 수정 요청 반영(필요시)

갑 : 대량 생산 진행

갑 : 품질 검사 시행

갑 : 완제품 포장 및 출하 준비

을 : 중도금 지급(계약에 따라)

갑 : 제품 인도

을 : 제품 검수

을 : 잔금 지급

을 : 제품 판매 개시

명령 2 _____

"앞의 내용을 근거로 계약서의 조항을 만들어주세요."

AI 답변 _____

생략

계약서의 꼬리—공통 규정의 활용

계약서의 마무리 부분으로 대부분의 계약에 공통적으로 적용되는 일반적인 규정을 포함한다(공통 규정). 계약서의 꼬리는 다음과 같이 세 가지로 분류할 수 있다.

계약의 이행 확보와 관련되는 규정 : 보증 조항, 권리 양도 금지 조항, 손해배상 조항, 위약금과 위약벌 조항, 연체료와 지체상금 조항, 불가항력 조항

계약 조항의 수정 변경과 교통 정리 규정 : 완전계약 조항, 일부 무효 조항, 교통정리 조항

계약을 끝내는 것과 관련된 규정 : 계약기간 조항, 해제·해지 조항, 잔존의무 조항

이는 계약서에 공통적으로 들어가는 규정이다. 각 규정의 의미를 잘 파악하고 해당 규정에서 확인해야 할 사항을 정확히 인지할 수 있어야 한다. 그래야 AI의 결과물이 제대로 된 것인지를 검증할 수 있다. 그러려면 개별 규정이 어떤 원리로 만들어지는지를 알아야

하고 특정 조항을 검토하려면 다음과 같이 AI 프롬프트를 활용할 수 있다.

명령 1

"계약서의 해지 조항을 잘 검토할 수 있는 프롬프트를 만들어주세요."

AI 답변

계약서의 해지 조항을 철저히 검토하기 위한 프롬프트를 만들어드리겠습니다.

계약서 해지 조항 전문 검토 요청

기본 정보

- 계약명 : [계약서 제목]

- 계약 당사자 : [당사자 A] 및 [당사자 B]

- 계약 유형 : [서비스/판매/라이선스/임대 등]

- 검토 목적 : [방어적 검토/협상 전 준비/리스크 평가 등]

해지 조항 검토 항목

1. 해지 사유 분석

- 계약 위반에 기한 해지 조건의 명확성과 구체성

- 위반 정도에 따른 해지 가능성(중대한 위반/경미한 위반)

- 불가항력 사유에 따른 해지 조건 및 범위

- 일방적 해지(편의에 의한 해지) 가능성 및 조건

- 지급 불능, 파산, 회생 등 재정적 사유에 따른 해지 조항

- 해지 사유 간의 형평성(양 당사자에게 공평한지)

2. 해지 절차 검토

- 해지 통지 방법 및 형식의 명확성

- 통지기간의 적절성(즉시 해지 vs. 사전 통지기간)

- 위반 사항 시정 기회 cure period 제공 여부 및 기간

- 해지 효력 발생 시점의 명확성

- 이의 제기 및 분쟁 해결 절차의 연계성

3. 해지 효과 평가

- 해지시 발생하는 비용 및 책임 분배

- 선급금, 미지급 대금 등의 정산 방식

- 해지 후 존속 조항 survival clause의 범위와 기간

- 계약 자료, 기밀 정보, 지적 재산 등의 반환/폐기 의무

- 전환 지원 및 협력 의무 transition assistance의 존재 및 범위

- 손해배상 제한 또는 위약금 조항과의 연계성

4. 산업/상황 특수성 고려

- [해당 산업]에서의 표준적인 해지 조항 대비 평가

- 비즈니스 연속성에 미치는 영향

- 규제적 요구 사항과의 부합성

- 관련 제3자 계약과의 연계성 검토

요청 사항

상기 항목에 대해 다음 형식으로 분석해주십시오.

1. 조항 현황 : 현재 계약서에 포함된 해지 관련 조항의 객관적 설명

2. 위험 분석 : 각 해지 조항이 가진 잠재적 위험 및 불이익

3. 보호 수준 : 당사의 이익을 보호하는 정도 평가(상/중/하)

4. 개선 제안 : 구체적인 문구 수정 또는 추가 제안

특히 [특별히 우려되는 부분 또는 관심사]에 중점을 두고 검토해주시기 바랍니다.

이 프롬프트는 계약 해지 조항의 다양한 측면을 철저히 검토할 수 있도록 구조화되어 있습니다. 대괄호([ ]) 안의 내용은 실제 계약 상황에 맞게 변경하여 사용하시면 됩니다. 필요에 따라 특정 산업이나 계약 유형에 맞게 항목을 추가하거나 조정하실 수 있습니다.

명령 2

"(대괄호 부분의 내용 입력 후) 이 프롬프트에 따라 첨부한 계약서의 해지 조항을 검토해주세요."

1) 보증 조항

보증 조항은 계약에서 채무 이행을 확실히 하기 위한 중요한 장치로 그 형태와 효과를 정확히 이해하는 것이 중요하다. 보증의 기본 개념은 주채무자의 채무에 대해 제3자가 책임을 지는 것이다. 이는 채무자가 회사 명의를 악용하여 일명 '바지 사장'을 내세워 책임을 회피하려는 것을 방지하여 채권자의 권리를 보호하고, 동시에 주채무자의 신용을 보완하는 역할을 한다.

예를 들어 스타트업 A가 대기업 B와 소프트웨어 개발계약을 체

결했다고 가정해보자. B 입장에서 A의 기술력은 믿지만 재정 상태가 불안정하여 계약 이행에 대한 우려가 있다. 이때 A의 대표이사 김민주가 개인적으로 보증을 서면 B는 좀더 안심하고 계약을 진행할 수 있다. 특히 장기계약이나 고액계약에서 중요하다. 이처럼 보증 조항을 기재함으로써 계약 이행을 확보할 수 있다.

다만, 계약서에 보증 조항을 기재할 때 주의할 점이 있다.

서면 작성 : 민법 제428조의2 제1항에 따라 보증 의사는 반드시 서면으로 표시해야 한다. 구두 약속은 효력이 없다.

공정성 유지 : 우월적 지위를 이용한 과도한 보증 요구는 법적 문제가 될 수 있다. 예를 들어 대기업 J가 중소 협력업체 K에게 납품계약 체결의 조건으로 K 대표이사의 연대 보증을 요구하는 경우 이는 공정거래법 위반으로 제재받을 수 있다.

보증 한도 설정 : 무한책임을 지는 것을 방지하기 위해 보증 금액의 상한선을 정하는 것이 좋다.

보증에는 일반 보증과 연대 보증이 있다. 두 가지의 핵심 차이는 최고·검색의 항변권 유무다. 일반 보증의 경우 C가 D에게 5000만 원을 빌리고 E가 보증을 섰다고 하자. D가 E에게 변제를 요구하면 E는 "C에게 먼저 청구하고 C의 재산에 대해 강제집행을 해보세요. C에게 변제 능력이 없다는 것을 증명한 후에 저에게 오세요"라고 말할 수 있다. 이것이 최고·검색의 항변권이다. 하지만 연대 보증의 경우 같은 상황에서 E가 연대 보증을 섰다면 D는 C와 E 중 누구에게 먼저 변제를 요구해도 된다. E는 "C에게 먼저 받아보세요"라는 주장을 할 수 없고 D의 요구에 즉시 응해야 한다.

보증과 물상 보증의 차이도 중요하다. 보증의 경우 F가 은행에서 1억 원을 대출받을 때 G가 보증을 섰다. F가 대출금을 갚지 못하면 G는 자신의 전 재산으로 책임을 져야 한다. 물상 보증의 경우 같은 상황에서 G가 자신의 아파트만을 담보로 제공했다면 이는 물상 보증이다. F가 대출금을 갚지 못해도 G의 책임은 그 아파트의 가치로 한정된다.

보증 조항을 작성할 때 기재례는 법인 대표이사가 추가로 보증하는 경우와 연대 보증을 하는 경우를 정확히 구분해야 한다. 이러한 구분은 추후 분쟁 발생시 책임 소재와 범위를 명확히 하는 데 중요하다.

[법인 대표이사가 추가로 '연대' 보증을 하는 경우]

제10조(갑 대표이사의 연대 보증)

1. 갑의 대표이사는 갑의 본 계약상 의무 이행에 대하여 회사와 연대하여 보증 책임을 진다.
2. 갑 대표이사의 연대 보증 기간은 본 계약의 효력이 존속하는 기간 및 계약 종료 후 _____년으로 한다.
3. 갑이 본 계약상의 의무를 이행하지 않아 을에게 손해가 발생한 경우 갑의 대표이사는 갑과 함께 그 손해를 배상할 책임이 있다.

4. 갑의 대표이사가 변경되는 경우 새로운 대표이사는 취임일로부터 _____일 이내에 본 조에 따른 연대 보증 의무를 승계한다는 서면 확인서를 을에게 제출해야 한다.

(갑) 주식회사 고우(법인등록번호 0000-0000)

　　서울 광진구 아차산로 187, 302호(화양동)

　　대표이사 고윤기 (인)

(갑) 의 계약 연대 보증인 개인 고윤기(인)

　　주민등록번호 751000-0000000

[법인 대표이사가 추가로 보증하는 경우]

(갑) 주식회사 고우(법인등록번호 0000-0000)

　　서울 광진구 아차산로 187, 302호(화양동)

　　대표이사 고윤기 (인)

(갑) 의 계약 이행 보증인 자연인 고윤기(인)

　　주민등록번호 751000-0000000

　　보증 조항은 양날의 검과 같다. 채권자에게는 안전장치가 되지만 보증인에게는 큰 부담이 될 수 있다. 최근에는 개인 보증을 지양하고 기관 보증이나 보증보험 등 대체 수단을 활용하는 추세다. 이는 개인에게 과도한 부담이 가는 것을 방지하고 더 안정적인 계약 이행을 도모하기 위함이다.

2) 권리 양도 금지 조항

권리 양도 금지 조항이란 계약상 발생하는 권리·의무를 상대방의 동의 없이 다른 사람에게 이전하지 못하게 하는 조항이다. 이 조항은 '특정한 상대방'이 직접 일을 처리해야 하는 업무를 계약할 때 필요하다. 계약 당사자의 개인적 능력, 신뢰 관계, 또는 특별한 자격이 중요한 계약에서 주로 사용되었는데, 최근에 사용되는 계약서에는 기본적으로 포함되어 있다.

예를 들어 유명 건축가 A가 B 회사와 특별한 디자인의 건물을 설계하기로 계약했다. 이때 A가 자신의 권리를 다른 건축가 C에게 넘기면 B 회사 입장에서는 "우리는 A의 독특한 스타일을 원했는데, 왜 C가 설계를 하나요?"라고 불만을 제기할 수 있다. 권리 양도 금지 조항은 이러한 상황을 방지하기 위하여 사용된다.

그러면 채권도 양도할 수 있을까? 원칙적으로 채권은 양도할 수 있지만 채권의 성질상 양도가 불가능하거나 당사자가 반대 의사를 표시한 경우에는 양도할 수 없다. 다만, 이러한 의사표시로 선의의 제3자에게는 대항할 수 없다. 민법 제449조는 채권의 양도성에 관해 규정하고 있다.

민법 제449조(채권의 양도성)

① 채권은 양도할 수 있다. 그러나 채권의 성질이 양도를 허용하지 아니하는 때에는 그러하지 아니하다.

② 채권은 당사자가 반대의 의사를 표시한 경우에는 양도하지 못한다. 그러나 그 의사표시로써 선의[3]의 제3자에게 대항하지 못한다.

한편, 대법원은 여러 판결을 통해 권리 양도 금지 조항의 해석과 적용에 대한 기준을 다음과 같이 제시했다.

- 채무자는 채권 양도 금지 특약을 알고 있는 양수인이나 그 특약의 존재를 알지 못함에 중대한 과실이 있는 양수인에게 그 특약으로써 대항할 수 있다(선의지만 중과실이 있는 경우까지 확대).
- '중과실'이란 통상인이 약간의 주의만 기울여도 특약의 존재를 알 수 있었음에도 불구하고 그러지 않은 경우를 말한다.
- 양수인의 악의 또는 중과실은 특약으로 대항하려는 자가 증명해야 한다(대법원 2010. 5. 13. 선고 2010다8310 판결 외). 예를 들어 N 회사가 O에게 물품을 납품하기로 하고 대금 채권을 양도하지 않기로 약정했다. 그러나 N이 이 채권을 P에게 양도했고 P는 계약서를 확인하지 않은 채 채권을 양수했다. 이 경우 O는 P에게 양도 금지 특약을 주장할 수 있지만 P가 이를 알았거나 중대한 과실로 알지 못했다는 점을 O가 증명해야 한다.

[3] 법률 용어에서 '선의'는 어떤 사실을 아는 것, '악의'는 어떤 사실을 모르는 것이라는 의미로 사용된다. 선의와 악의의 의미는 착한 뜻, 나쁜 뜻이 아니다.

그러므로 권리 양도 금지 조항을 적용할 때는 다음을 주의해야 한다. 최근에 작성되는 계약서에는 '권리 양도 금지 조항'이 기본적으로 포함되어 있다. 따라서 특정 계약상의 권리를 양수할 때는 해당 계약서에 '권리 양도 금지 조항'이 있는지 반드시 확인해야 한다. 권리 양도 금지 조항이 사건의 쟁점이 된 경우에는 권리를 양수한 제3자가 악의 또는 중과실이 있다는 점을 증명하는 것이 소송의 핵심이 된다.

다음의 기재례를 참고하여 권리 양도 금지 조항을 확인한다.

[기재례 1]

갑과 을은 이 계약으로부터 발생하는 권리 또는 의무를 제3자에게 양도하거나 승계하게 할 수 없다. 다만, <u>상대방의 서면에 의한 승낙을 받았을 때는 그러하지 아니하다</u>.

[기재례 2]

을은 공사 목적물 또는 공사 현장에 반입하여 검사를 마친 공사 자재를 제3자에게 매각, 양도, 또는 대여하거나 담보 목적으로 제공할 수 없다.

권리 양도 금지 조항은 계약의 본질을 지키고 당사자 간의 신뢰를 유지하는 데 중요한 역할을 한다. 그러나 이 조항이 있다고 해서 모든 권리 양도가 무조건 금지되는 것은 아니므로 계약 당사자들은 이 점을 명확히 이해하고 적절히 활용해야 한다. 또한 권리 양도가 필요한 상황이 발생할 수 있으므로 계약 체결시 미리 예외 사항을 규정해두는 것도 좋은 방법이다.

3) 손해배상 조항

손해배상 조항은 계약을 위반했을 때 발생하는 손해를 어떻게 처리할 것인지를 정하는 조항이다. 우리나라 손해배상법은 민법 제390조 이하에서 채무불이행에 대한 손해배상 규정을, 제750조 이하에서 불법행위에 대한 손해배상 규정을 두고 있다. 또한 민법 곳곳에 손해배상의 일반 규정을 두고 있어 계약서에 별도의 손해배상 규정이 없어도 민법으로 손해배상 청구가 가능하다. 예를 들어 C와 D가 매매계약을 체결했는데, 계약서에 손해배상 조항이 없었다. 하지만 C가 계약을 위반했다면 D는 민법 제390조에 근거하여 손해배상을 청구할 수 있다.

> **민법 제390조**(채무불이행과 손해배상)
> 채무자가 채무의 내용에 좇은 이행을 하지 아니한 때에는 채권자는 손해배상을 청구할 수 있다. 그러나 채무자의 고의나 과실 없이 이행할 수 없게 된 때에는 그러하지 아니하다.
>
> **민법 제750조**(불법행위의 내용)
> 고의 또는 과실로 인한 위법행위로 타인에게 손해를 가한 자는 그 손해를 배상할 책임이 있다.

이와 같이 계약서에 손해배상 조항이 없어도 손해배상 청구가 가능한데, 굳이 손해배상 조항을 계약서에 넣는 이유는 무엇일까? 우리나라 손해배상법 체계에서는 손해배상을 청구하는 쪽에서 손해의 발생, 인과 관계, 손해의 액수까지 증명해야 하기 때문이다. 이를테면 A 회사가 B 회사에 물품을 납품하기로 했는데, 납품이 지연되어 B 회사에 손해가 발생했다. 이 경우 B 회사는 납품 지연으로 실제로 손해가 발생했다는 점, 그 손해가 A 회사의 지연 때문이라는 점, 그리고 손해의 구체적인 금액을 모두 증명해야 한다.

하지만 실제 소송에서 손해배상의 모든 요건을 증명하는 것은 쉬운 일이 아니다. 손해배상 조항은 이러한 입증의 어려움을 덜기 위하여 집어넣는다.

다만, 주의할 점이 있다. 다음의 오래된 계약서에 포함되어 있는 손해배상 조항을 예로 살펴보자.

> **본 계약 위반시 위반 당사자는 일체의 손해를 배상한다.**

이 경우 '일체의 손해'가 무엇인지까지 청구하는 쪽에서 증명해야 한다. '일체의 손해'를 증명하는 것은 상당히 까다롭고 계약 당사자의 업무 내용, 회사의 형태, 실제 들어간 비용 등 고려해야 할 변수가 너무나 많다. 예를 들어 E 회사가 F 회사에 물품을 납품하기로 했는데 계약을 위반했다. 계약서에 앞의 조항이 포함되어 있다면 F 회사는 E 회사의 계약 위반으로 발생한 모든 손해(대체 물품 구매 비용, 고객에 대한 배상금, 영업 손실 등)를 모두 구체적으로 증명해야 한다. 그러므로 이와 같은 손해배상 조항은 피해야 한다.

손해배상 조항을 기재할 때는 구체적으로 규정하는 것이 좋다. 나중에 복잡한 법률 문제가 발생할 확률이 낮아지기 때문이다. 실제 현장에서 발생할 수 있는 다양한 상황을 고려하여 계약 위반시 어떤 문제가 발생할 수 있는지를 정리하는 것이 필요하다.

> '을'은 비밀 유지 의무를 위반했을 경우 '갑'에게 1000만 원을 배상해야 한다.

만약 G 회사가 H 회사와 기술 개발계약을 체결하면서 앞의 조항을 넣었다면 G 회사의 직원이 실수로 비밀 정보를 유출했을 때 H 회사는 실제 손해액과 관계없이 1000만 원을 청구할 수 있다.

다만 통상 손해와 특별 손해는 구별하여 기재한다. 통상 손해는 당연히 예상될 수 있는 손해, 특별 손해는 상대방이 그 사정을 알았거나 알 수 있었을 때 한하여 배상의 책임이 있다(민법 제393조).

> '을'은 자신이 제공한 부품의 하자로 인하여 '갑'이 가동하는 보일러가 운행 중단될 경우 '갑'에게 1일당 100만 원의 손해가 발생한다는 점을 인지한다.

I 회사가 J 회사에 보일러 부품을 공급하는 계약을 체결하면서 앞의 조항을 넣었을 경우 I 회사가 공급한 부품의 하자로 보일러가 3일간 멈추었다면 J 회사는 300만 원의 손해배상을 청구할 수 있

다. 하지만 앞의 조항을 넣지 않았을 경우 J 회사는 보일러가 멈추었을 때 하루에 얼마의 손해가 발생하는지를 증명해야 한다. 증명하지 못하면 패소한다.

그 밖에도 특별법에 따른 요건과 절차에 따라 손해를 배상받을 수 있는 손해배상 특별법이 있는데, 징벌적 손해배상이 이에 해당한다. 징벌적 손해배상이란 타인에게 손해를 끼친 경우 실제 손해액보다 더 많은 배상금을 물게 하는 제도다. 저작권법, 부정경쟁방지 및 영업비밀보호에 관한 법률 등 특별법에는 손해액 산정에 대한 특례가 규정되어 있다.[4]

결론적으로 손해배상 조항은 계약을 위반했을 때 발생할 수 있는 분쟁을 미리 방지하고 손해의 보전을 쉽게 하는 중요한 역할을 한다. 따라서 계약 당사자들은 자신들의 상황에 맞는 적절한 손해배상 조항을 신중히 검토하고 삽입해야 한다. 뒤에서 설명하는 위약금과 위약벌, 연체료, 지체상금 조항은 지금 설명한 손해배상 조항이 좀더 구체화된 조항들이다.

4) 위약금과 위약벌 조항

위약금은 계약을 위반한 상대방에게 사전에 약정된 금액을 손해배상으로 청구할 수 있도록 규정한 조항을 말하고 위약벌은 채무불이행이 있는 경우 손해 발생과 관계없이 청구할 수 있는 일종의

---

[4] 부정경쟁방지법 제14조의2에는 손해로 인정된 금액의 세 배가 넘지 않는 범위에서 배상액을 정할 수 있다고 규정하고 있다.

제재금을 말한다. 주요 차이점은 위약금은 손해배상의 성격이며 법원의 직권 감액이 가능하다. 그러나 위약벌은 제재의 성격이고 원칙적으로 감액이 불가능하다.

위약금과 위약벌 조항은 계약 위반이 발생했을 때 손해를 입은 당사자가 손해액을 입증하는 것은 매우 어려운 일이다. 특히 정신적 손해, 비밀 유지 의무 위반, 영업 비밀 침해로 인한 손해, 브랜드 가치 하락으로 인한 손해, 기타 무형적인 손해는 더욱 그렇다. 그러므로 미리 정해두면 분쟁 발생시 처리가 훨씬 수월해진다.

민법 제398조는 다음과 같이 위약금에 관해 규정하고 있다.

> **제398조**(배상액의 예정)
> ① 당사자는 채무불이행에 관한 손해배상액을 예정할 수 있다.
> ② 손해배상의 예정액이 부당히 과다한 경우에는 법원은 적당히 감액할 수 있다.
> ③ 손해배상액의 예정은 이행의 청구나 계약의 해제에 영향을 미치지 아니한다.
> ④ 위약금의 약정은 손해배상액의 예정으로 추정한다.
> ⑤ 당사자가 금전이 아닌 것으로써 손해의 배상에 충당할 것을 예정한 경우에도 전 4항의 규정을 준용한다.

법원은 앞의 규정에 따라 위약금을 적절히 감액하고 있다.

대법원 2009. 2. 26. 선고 2007다19051 판결

민법 제398조 제2항에 의하면 손해배상의 예정액이 부당히 과다한 경우에는 법원이 이를 적당히 감액할 수 있다. 여기서 '부당히 과다한 경우'는 채권자와 채무자의 각 지위, 계약의 목적과 내용, 손해배상액을 예정한 동기, 채무액에 대한 예정액의 비율, 예상 손해액의 크기, 그 당시의 거래 관행 등 모든 사정을 참작하여 일반 사회 관념에 비추어 그 예정액의 지급이 경제적 약자의 지위에 있는 채무자에게 부당한 압박을 가하여 공정성을 잃는 결과를 초래한다고 인정되는 경우를 뜻한다.

감액의 범위 판단은 사실심 변론 종결 당시를 기준으로 한다.

대법원 2017. 7. 18., 선고, 2017다206922, 판결

한편, 위 규정의 적용에 따라 손해배상의 예정액이 부당하게 과다한지 및 그에 대한 적당한 감액의 범위를 판단하는 데 있어서는 법원이 구체적으로 그 판단을 하는 때, 즉 사실심의 변론 종결 당시를 기준으로 하여 그사이에 발생한 위와 같은 모든 사정을 종합적으로 고려하여야 한다.

위약금이 위약벌로 판단되기 위한 기준은 다음과 같다.

대법원 2016. 7. 14., 선고, 2012다65973, 판결

위약금은 민법 제398조 제4항에 의하여 손해배상액의 예정으로 추정되므로 위약금이 위약벌로 해석되기 위해서는 특별한 사정이 주장·증명되어야 하며,

계약을 체결할 당시 위약금과 관련하여 사용하고 있는 명칭이나 문구뿐만 아니라 계약 당사자의 경제적 지위, 계약 체결의 경위와 내용, 위약금 약정을 하게 된 경위와 교섭 과정, 당사자가 위약금을 약정한 주된 목적, 위약금을 통해 이행을 담보하려는 의무의 성격, 채무불이행이 발생한 경우에 위약금 이외에 별도로 손해배상을 청구할 수 있는지 여부, 위약금액의 규모나 전체 채무액에 대한 위약금액의 비율, 채무불이행으로 인하여 발생할 것으로 예상되는 손해액의 크기, 당시의 거래 관행 등 여러 사정을 종합적으로 고려하여 위약금의 법적 성질을 합리적으로 판단하여야 한다.

위약금과 위약벌 조항은 다음의 기재례를 참고한다.

[위약금 : 손해배상액의 예정 1]

> 계약 당사자 중 일방이 제10조, 제11조, 제12조를 위반한 경우 이에 대한 손해배상액은 금 1000만 원으로 한다.

[위약금 : 손해배상액의 예정 2]

> **제○○조**(위약금)
> 1. 갑과 을은 본 계약의 제10조(비밀 유지 의무), 제11조(경업 금지), 제12조(지식재산권)를 위반할 경우 위반한 당사자는 상대방에게 금 1000만 원의 위약금을 지급한다.
> 2. 제1항의 위약금은 손해배상액의 예정으로 해석하며 상대방이 입은 실제 손해액이 위약금을 초과하는 경우에는 그 초과액을 추가로 청구할 수 있다.

> 3. 본 조의 위약금 지급은 본 계약의 해지 또는 해제에 영향을 미치지 아니한다.

[위약벌]
> 계약 당사자 중 일방이 비밀유지 의무를 위반한 경우 이에 대한 위약벌은 금 1억 원으로 한다.

하지만 과도한 위약금과 위약벌은 감액될 수 있다. 위약벌은 원칙적으로 법원의 직권 감액이 불가능하다. 그런데도 법원은 위약벌이 지나치게 과다하면 일부 무효로 판단한다.

좀더 구체적으로 사례를 들어 알아보자.

[사례 1] 물품 공급계약의 위약금
> A 회사와 B 회사가 10억 원 규모의 물품 공급계약을 체결하면서 계약 위반시 계약 금액의 50%(5억 원)를 위약금으로 지급하기로 했다. B 회사가 계약을 위반했고 A 회사는 5억 원의 위약금을 청구했다. 법원은 이 사안에서 위약금이 과다하다고 판단하면 위약금을 감액할 수 있다.

[사례 2] 기술 이전계약의 위약벌
> C 회사와 D 회사가 1억 원 규모의 기술 이전계약을 체결하면서 비밀 유지 의무 위반시 10억 원의 위약벌을 지급하기로 했다. D 회사가 이를 위반했고 C 회사는 10억 원을 청구했다. 이 사례에서 법원은 '계약금의 10배에 달하는' 위

> 약벌이 지나치게 과다하다고 판단한다면 적정한 금액을 초과하는 부분을 일부 무효로 판단할 수 있다(사실상의 감액).

따라서 계약서를 작성할 때는 합리적인 수준의 위약금이나 위약벌을 정하는 것이 중요하다. 다음과 같은 기준을 참고할 수 있다.

- 계약 금액의 10~20% 정도를 위약금으로 정하는 것이 일반적이다.
- 비밀 유지 의무나 경업 금지 위반의 경우 예상되는 손해액을 고려하여 정한다.
- 위약벌의 경우 그 금액이 계약 금액을 현저히 초과하지 않도록 주의한다.

위약금과 위약벌은 계약 관계에서 중요한 역할을 한다. 그러나 과도한 금액 설정은 법원이 감액하거나 무효로 할 수 있으므로 계약 당사자 간의 공정성과 형평성을 고려하여 합리적인 수준으로 정해야 한다. 또한 위약금과 위약벌의 법적 성격을 정확히 이해하고 계약 목적에 맞게 적절히 사용하는 것이 중요하다.

5) 연체료, 지체상금 조항

연체료, 지체상금 조항은 계약 이행의 지연으로 인한 손해를 효과적으로 보상받기 위한 중요한 장치다. 연체료는 주로 금전 채무 지연에 적용되며 지체상금은 물품 인도 등 비금전 채무 지연에 적용된다. 두 조항 모두 지연에 대한 손해배상의 성격을 띤다.

그러나 금전 채무에 대해서만 민법 제397조, 상법 제54조에서 규정하고 있다.

> **민법 제397조**(금전채무불이행에 대한 특칙)
> ① 금전 채무불이행의 손해배상액은 <u>법정이율</u>에 의한다. 그러나 법령의 제한에 위반하지 아니한 <u>약정이율</u>이 있으면 그 이율에 의한다.
> ② 전항의 손해배상에 관하여는 채권자는 손해의 증명을 요하지 아니하고 채무자는 과실 없음을 항변하지 못한다.
>
> **상법 제54조**(상사법정이율)
> 상행위로 인한 채무의 법정이율은 연 6분으로 한다.

금전 채무의 경우 지연이자에 관한 규정이 계약서에 없더라도 민법과 상법에 따른 지연이자 청구가 가능하다. 이 조항은 다음과 같은 효과를 가진다.

- 계약 손해 증명 불요 : 채권자는 실제 손해액을 증명할 필요가 없다.
- 계약 채무자의 항변 제한 : 채무자는 자신의 과실이 없다는 항변을 할 수 없다.

그러나 금전 채무불이행이 아닌 다른 종류의 채무불이행, 지연이행에 따른 규정은 없다. 만약 계약의 상대방이 내가 구매한 물건을 인도하지 않고 있다면 내가 실제 손해 액수를 증명해야 하는 문제가 발생한다.

왜 이 조항이 필요한 것일까? 구체적인 사례를 통해 그 이유를 알아보자.

[사례 1]

> A 전자회사가 B 부품회사에 1억 원 상당의 부품을 주문했다. 계약서에는 "납품일로부터 30일 이내에 대금을 지급한다"라고 되어 있었다. 그러나 B 회사가 납품한 지 60일이 지나도록 A 회사는 대금을 지급하지 않았다.

연체료 조항이 있는 경우 : "대금 지급을 지체할 경우 연 15%의 연체료를 부과한다"라는 조항이 있다면 B 회사는 약 246만 원(1억 원 × 15% × 60/365)의 연체료를 청구할 수 있다.

연체료 조항이 없는 경우 : 상법상 원칙에 따라 연 6%의 지연이자만 청구할 수 있어 B 회사가 받을 수 있는 금액은 약 98만 원(1억 원 × 6% × 60/365)에 불과하다.

[사례 2]

> C 건설회사가 D 시에 공공도서관을 짓기로 했다. 계약금액은 50억 원이고 준공 기한은 1년이었다. 그러나 C 회사의 공사 지연으로 준공이 2개월 늦어졌다.

지체상금 조항이 있는 경우 : "준공 지연시 1일당 계약 금액의 0.5/1000을 지체상금으로 지급한다"라는 조항이 있다면 D 시는 1억 5000만 원(50억 원 ×

0.0005 × 60일)의 지체상금을 청구할 수 있다.

지체상금 조항이 없는 경우 : D 시는 공사 지연으로 인한 실제 손해(임시도서관 운영 비용, 개관 지연으로 인한 시민 불편 등)를 일일이 증명해야 하며 이는 매우 복잡하고 어려운 과정이 될 수 있다.

이처럼 지연이자, 지체상금도 일종의 손해배상의 예정이다. 따라서 법원이 감액할 수 있음을 고려해야 한다. 그러므로 계약서를 작성할 때 다음을 유의해야 한다.

- 적정 금액 설정 : 업종별 관행, 거래 규모, 예상 손해액 등을 고려한다.
- 상한선 설정 : 지체상금의 경우 총액의 상한선(계약 금액의 10%)을 정할 수 있다.
- 지체 사유별 차등 : 고의적 지연과 불가피한 지연을 구분하여 차등 적용할 수 있다.
- 상호성 고려 : 양 당사자의 의무 지연에 대해 균형 있게 규정한다.

연체료, 지체상금 조항은 다음 기재례를 참고한다.

[기재례 1] 금전을 받지 못한 경우(간단형)

> '을'은 본 계약에 의하여 '갑'에게 지급해야 할 금전 채무를 연체한 경우에는 연체금액에 대하여 연 20%에 상당하는 지연이자를 가산하여 지급해야 한다.

[기재례 2] 금전을 받지 못한 경우(상세형)

제○○조(연체료)

1. '을'이 본 계약에 따른 대금 지급을 지체할 경우 '을'은 연체 금액에 대하여 다음 각 호의 비율로 계산한 연체료를 '갑'에게 지급하여야 한다.

    가. 지급 기일로부터 30일 이내 : 연 12%

    나. 지급 기일로부터 30일 초과 60일 이내 : 연 15%

    다. 지급 기일로부터 60일 초과 : 연 18%

2. 연체료는 지급 기일 다음날부터 실제 지급일까지의 기간에 대하여 1할 계산한다.

3. 제1항의 연체료율은 한국은행 기준금리가 2% 이상 변동될 경우 협의하여 조정할 수 있다.

[기재례 3] 물품을 받지 못한 경우(간단형)

'을'이 본 계약상의 물품 공급을 지체하는 경우 지체 일수당 계약 금액의 2/1000의 지체상금을 배상해야 한다.

[기재례 4] 물품을 받지 못한 경우(상세형)

제○○조(지체상금)

1. '을'이 본 계약에 따른 물품의 인도를 지체한 경우 '을'은 지체 일수 1일당 계약금액의 1/1000에 해당하는 금액을 지체상금으로 '갑'에게 지급해야 한다.

2. 제1항의 지체상금은 계약 금액의 10%를 초과할 수 없다.

> 3. '갑'은 지체상금을 '을'에게 지급해야 할 대금에서 공제할 수 있다.
> 4. 천재지변, 전쟁, 내란, 정부의 규제 등 불가항력적 사유로 인한 지체의 경우에는 그 해당 기간에 대하여 지체상금을 부과하지 아니한다.
> 5. '갑'의 귀책 사유로 인해 '을'의 의무 이행이 지체된 경우에는 해당 기간만큼 '을'의 이행 기한을 연장한다.

연체료와 지체상금 조항은 계약 이행을 담보하고 손해를 신속하게 배상받을 수 있게 하는 중요한 장치다. 그러나 이 조항들도 손해배상의 예정으로 해석되어 법원의 감액 대상이 될 수 있음을 명심해야 한다. 따라서 계약을 체결할 때 거래의 특성, 업계 관행, 예상 손해액 등을 종합적으로 고려하여 합리적인 수준으로 정해야 한다. 또한 필요한 경우 예외 조항을 두거나 차등 적용을 하는 등 유연하게 접근하는 것이 좋다.

6) 불가항력 조항 : 책임의 제한 및 면제 규정

불가항력은 당사자의 통제를 벗어난 예측 불가능한 사건으로 계약 이행이 불가능해지거나 지연될 경우 그에 따른 책임을 면제하거나 제한하는 규정이다. 이는 '천재지변', '불가항력Force Majeure' 등으로 불린다.

이 조항이 필요한 이유는 계약 관계에서 예상치 못한 사건 때문에 계약 이행이 불가능해지거나 지연될 수 있으므로 이러한 상황에 대비하여 계약서에 넣는 것이다. 이 조항은 주로 영미법 체계의 계약서에서 자주 볼 수 있지만 최근에는 국내 계약에서도 그 중요성이 커지고 있다. 특히 계약으로 얻는 이익보다 실수했을 때의 배상액이 커질 수 있는 경우 이 조항의 중요성은 더욱 부각된다.

사례를 통해 좀더 구체적으로 살펴보자.

[사례 1]

A 전자회사가 B 부품회사에 특정 부품을 주문했다. 그러나 갑작스러운 지진으로 B 회사의 공장이 파괴되어 납품이 불가능해졌다.

불가항력 조항이 있는 경우 : B 부품회사는 지진이라는 불가항력적 사유로 계약 불이행에 대해 책임을 면제받을 수 있다.

불가항력 조항이 없는 경우 : B 부품회사는 계약 불이행에 대한 책임을 져야 할 수 있으며 A 전자회사로부터 손해배상 청구를 당할 수 있다.

법원에서는 불가항력 조항을 어떻게 보고 있을까? "'코로나19'의 확산을 불가항력으로 볼 수 있을 것인가"에 대한 판례를 통해 알아보자.

갑 주식회사가 을 주식회사로부터 점포를 임차하면서 "불가항력적인 사유로 90일 이상 영업을 계속할 수 없을 경우 상대방에 대해 30일 전에 서면 통지를 한 후 본 계약을 해제 또는 해지할 수 있다"라는 조항이 포함된 임대차계약을 체결했는데, 코로나19로 위 점포의 매출이 90% 이상 감소하자 갑 주식회사가 차임을 지급하지 못하고 영업을 중단한 후 위 조항에 따라 을 주식회사를 상대로 임대차계약 해지를 주장했다. 이 사안에서 코로나19 사태로 위 점포에서의 매출이 감소한 것은 임대차계약에서 정한 "불가항력적인 사유로 90일 이상 자신의 영업을 계속할 수 없을 경우"에 해당하고, 위와 같은 계약 해지 조항이 없다고 하더라도 사정 변경의 원칙에 따라 계약을 해지할 수 있는 경우에 해당한다. 그러므로 위 임대차계약은 적법하게 해지되어 종료되었다고 한 판결이 있다(서울중앙지방법원 2020가단5261441 임대차 보증금 사건).

반면 계약서에 불가항력의 범위에 대하여 "화재, 폭발, 천재지변, 전쟁(전쟁과 유사한 상황), 기타 계약 당사자가 지배할 수 없는 유사 원인을 말한다"라고 규정하고 있었던 사안에서 앞의 조항에서 말하는 불가항력의 범위에 코로나19 확산이 포함된다고 할 수 없다는 판결도 존재한다(서울중앙지방법원 2021가단5015034 약정금).

이와 같이 사안에 따라 다를 수 있으므로 불가항력 조항을 작성할 때는 다음 사항을 더욱 구체적으로 고려해야 한다.

- 불가항력의 정의 : 어떤 상황을 불가항력으로 볼 것인지 구체적으로 명시한다. 예를 들어 '전쟁, 내란, 폭동, 지진, 홍수, 태풍, 화재, 전염병의 대유행, 정부의 조치' 등을 열거할 수 있다. 특히 '전염병'이라고만 하지 말고 'WHO가 팬데믹으로 선언한 전염병'과 같이 구체적으로 명시하는 것이 좋다.
- 영향의 정도 : 단순히 사건이 발생했다고 해서 불가항력으로 인정되지 않도록 계약 이행에 미치는 영향의 정도를 명시한다. 이를테면 '계약 이행을 불

가능하게 하거나 상당히 어렵게 만드는 경우' 등으로 명시할 수 있다.
- 통지 의무 : 불가항력 상황 발생시 상대방에게 통지해야 할 의무를 규정한다. 통지 기한과 방법도 명시한다.
- 증명 책임 : 불가항력 상황의 존재와 그로 인한 계약 이행 불능을 주장하는 당사자가 이를 입증해야 함을 명시한다.
- 계약 이행 의무의 일시 중지 : 불가항력 상황 동안 계약 이행 의무가 일시 중지됨을 명시한다. 불가항력 상황의 지속기간에 따라 당사자의 권리와 의무를 단계적으로 규정하는 것도 좋다. 가령 30일 이내는 의무 중지, 60일 이상은 계약 해지 가능 등으로 정할 수 있다.
- 대체 이행 노력 : 가능한 경우 대체 이행 방법을 모색할 의무를 규정한다.
- 계약 해지 가능성 : 불가항력 상황이 장기화할 경우 계약 해지 가능성을 규정한다. 이를테면 '불가항력 상황이 30일 이상 지속될 경우' 등으로 명시할 수 있다.
- 손실 분담 : 불가항력으로 인한 손실을 어떻게 분담할지 규정한다. 이를테면 이미 발생한 비용의 처리 방법 등을 명시한다.
- 재협상 조항 : 불가항력 상황이 장기화할 경우 계약 조건을 재협상할 수 있는 근거를 마련해둔다.

불가항력 조항을 작성할 때는 다음 기재례를 참고한다.

[기재례 1] 간단형

> **제50조**(불가항력)
> '을'은 천재지변, 전쟁, 폭동, 화재 등 이 계약 당시 예견할 수 없었고, '을'의 고의 또는 과실 없이 방지하거나 피할 수 없었던 외부적인 사태가 발생하여 이 계약상의 의무를 이행할 수 없거나 지체하게 된 경우 이로 인하여 '갑'이 입은 손해를 배상할 책임이 없다. 단, 이 경우 '을'의 의무에 상응하는 '갑'의 대금 지급 의무도 소멸한다.

[기재례 2] 상세형

> **제○○조**(불가항력)
> 1. 정의 : 본 조항에서 '불가항력'이란 천재지변(지진, 홍수, 태풍 등), 전쟁, 내란, 폭동, 화재, 감염병의 대유행, 정부의 조치 등 이 계약 당시 예견할 수 없었고 당사자의 고의 또는 과실 없이 방지하거나 피할 수 없었던 외부적인 사태를 말한다.
> 2. 책임 면제 : '을'은 불가항력으로 인하여 이 계약상의 의무를 이행할 수 없거나 지체하게 된 경우 이로 인하여 '갑'이 입은 손해를 배상할 책임이 없다.
> 3. 통지 의무 : 불가항력 사유가 발생한 경우 '을'은 그 사실을 알게 된 날로부터 3영업일 이내에 그 사실을 '갑'에게 서면으로 통지해야 한다. 이 통지에는 불가항력의 내용, 계약 이행에 미치는 영향, 예상되는 지속 기간 등이 포함되어야 한다.
> 4. 증명 책임 : 불가항력을 주장하는 당사자는 해당 사건이 불가항력에 해당함을 입증할 책임이 있다.

5 의무 이행의 중지 : 불가항력 사유로 인하여 계약 이행이 불가능한 기간 동안 양 당사자의 계약상 의무 이행은 중지된다.

6 대체 이행 노력 : 불가항력 상황에서도 '을'은 가능한 범위 내에서 대체 이행 방법을 모색해야 하며 이에 대해 '갑'과 성실히 협의해야 한다.

7 계약의 해지 : 불가항력 사유로 인한 계약 이행 불능 또는 지체가 30일 이상 지속되는 경우 양 당사자는 서면 합의하에 본 계약을 해지할 수 있다.

8 대금 지급 : 제7항에 따라 계약이 해지되는 경우 '을'의 의무에 상응하는 '갑'의 대금 지급 의무도 소멸한다. 다만, 이미 이행한 부분에 대해서는 그러하지 아니한다.

9 손실 분담 : 불가항력으로 인하여 발생한 비용은 원칙적으로 각자 부담한다. 다만, 계약의 성격과 불가항력의 영향을 고려하여 양 당사자가 합의하에 분담 비율을 조정할 수 있다.

10 계약의 재개 : 불가항력 사유가 해소된 후 양 당사자는 신의성실의 원칙에 따라 계약의 이행을 재개하거나 수정된 조건으로 계약을 계속할지 여부를 협의해야 한다.

불가항력 조항이 모든 리스크를 관리할 수 있는 만능 해결책은 아니다. 계약 당사자들은 가능한 한 예측 가능한 위험성에 대해서는 구체적인 대응 방안을 마련해두어야 하며 불가항력 조항은 정말로 예측하기 어려운 상황에 대비한 최후의 보루로 활용해야 한다. 또한 비즈니스 환경이 급변하는 현대사회에서는 불가항력의 개념도 계속 진화하고 있다. 예를 들어 사이버 공격이나 데이터 유출과 같은 새로운 형태의 리스크에에 대해서도 불가항력 조항의 적용 여부를 고민해야 할 것이다.

7) 완전계약 조항

완전계약은 계약서에 명시된 내용만이 당사자 간의 모든 합의를 대표한다는 원칙을 세우는 조항이다. "계약서 작성 후에 구두로 계약 내용과 다른 합의를 했습니다" "이 부분은 별도로 합의된 부분인데 계약서 작성시 누락되었습니다" 등은 계약서 분쟁에서 자주 등장하는 항변이다. 계약은 비즈니스 관계의 근간이다. 그러나 복잡한 협상 과정에서 모든 합의 사항을 완벽하게 계약서에 반영하기란 쉽지 않다. 이때 등장하는 것이 '완전계약 조항'이다.

이 조항의 주요 기능은 다음과 같다.

- 계약의 명확성 확보 : 계약 내용을 명확히 하여 해석의 여지를 줄인다.
- 구두 합의의 배제 : 계약서 외의 구두 합의나 이전 협상 내용의 법적 효력을 제한한다.
- 분쟁 예방 : 계약 외 합의에 대한 주장을 차단하여 잠재적 분쟁을 예방한다.

예를 들어 E 기업과 F 기업이 물품 공급계약을 체결하는 과정에서 이러한 상황이 발생했다고 가정해보자. 협상 중 E 기업이 "향후 5년간 매년 10%씩 주문량을 늘리겠다"라고 구두로 약속했다. 그러나 최종 계약서에는 이 내용이 포함되지 않았다. 완전계약 조항이 있다면 F 기업은 나중에 이 구두 약속을 근거로 주문량 증가를 요구할 수 없다.

그러므로 모든 형태의 이전 합의를 포함하도록 작성하는 것이 일반적이다. 다음 기재례를 참고한다.

[기재례 1]
본 계약은 이전에 '갑'과 '을' 간의 모든 문서 및 구두 합의에 우선한다.

[기재례 2]
본 계약 이전에 '갑'과 '을' 간에 체결되었던 서면 혹은 구두 계약은 모두 본 계약으로 대치되며 본 계약의 내용과 상이한 것이 있는 경우에는 본 계약의 내용이 우선한다.

[기재례 3]
본 계약은 계약 당사자 간의 완전한 합의를 구성하며 본 계약 체결 이전에 '갑'과 '을' 간에 이루어진 모든 서면 또는 구두의 합의, 양해, 진술 및 보증에 우선한다.

변경 절차를 추가할 수 있다. 이 경우 계약 변경시 필요한 절차를 명확히 기술해야 한다.

[기재례 4] 서면 변경 조항이 추가된 예

> 본 계약 이전에 '갑'과 '을' 간에 체결되었던 서면 혹은 구두 계약은 모두 본 계약으로 대치되며 본 계약의 내용과 상이한 것이 있는 경우에는 본 계약의 내용이 우선한다.
>
> 본 계약의 수정 또는 변경은 양 당사자 또는 그의 권한 있는 대표자나 대리인이 정당하게 서명, 날인한 서면에 의해서만 할 수 있다.

완전계약 조항은 계약의 안정성과 신뢰성을 높이는 중요한 도구다. 이를 통해 계약 당사자들은 명확한 기준을 가지고 계약을 이행할 수 있으며 불필요한 분쟁을 예방할 수 있다. 따라서 계약을 체결할 때 이 조항의 포함 여부를 반드시 확인하고 그 의미를 정확히 이해해야 한다.

8) 일부 무효 조항

일부 무효는 계약의 일부 조항이 무효로 판정되더라도 나머지 조항은 여전히 유효하다는 점을 명시하는 조항이다. 그러나 때로는 계약 내 일부 조항이 법적 문제로 무효가 되는 상황이 발생한다. 이때 전체 계약이 무효가 된다면 어떨까? 이는 비즈니스에 심각한 혼란을 초래할 수 있다. 이러한 위험을 방지하기 위해 존재하는 것이 바로 '일부 무효 조항'이다.

일부 무효 조항이 필요한 가장 큰 이유는 민법 제137조의 규정 때문이다. 이 조항은 "법률행위의 일부가 무효인 때는 그 전부를 무효로 한다"라고 명시하고 있다. 이로 인해 계약의 일부 조항에 문제가 있을 경우 계약 자체가 모두 무효라는 주장이 가능해진다. 그러나 민법 제137조는 단서 조항을 통해 일부 무효 조항의 법적 근거도 제공한다. "그러나 그 무효 부분이 없더라도 법률행위를 하였을 것이라고 인정될 때는 나머지 부분은 무효가 되지 아니한다." 이는 계약 당사자의 의도를 존중하는 규정으로 일부 무효 조항의 근거가 된다.

판례는 앞 조항의 해석과 관련하여 "민법 제137조는 임의 규정으로서 법률행위 자치의 원칙이 지배하는 영역에서 그 적용이 있다. 그리하여 법률행위의 일부가 강행 법규인 효력 규정에 위반되어 무효가 되는 경우 그 부분의 무효가 나머지 부분의 유효·무효에 영향을 미치는가의 여부를 판단함에 있어서는 개별 법령이 일부 무효의 효력에 관한 규정을 두고 있는 경우에는 그에 따르고, 그러한 규정이 없다면 민법 제137조 본문에서 정한 바에 따라서 원칙적으로 법률행위의 전부가 무효가 된다"라고 판시하고 있다.

다음 기재례를 참고한다.

> 본 계약의 일부 조항이 무효 또는 불법으로 판정될 경우, 계약은 나머지 부분만으로 유효하게 존속하며, 무효 또는 불법 조항이 포함된 적이 없었던 것처럼 해석되어야 한다.

약관법 제16조는 일부 무효에 관한 특별한 규정을 두고 있다. 이에 따르면 약관의 일부 조항이 무효인 경우에도 원칙적으로 계약은 나머지 부분만으로 유효하게 존속한다. 다만, 유효한 부분만으로는 계약의 목적 달성이 불가능하거나 한쪽 당사자에게 부당하게 불리한 경우에는 계약 전체가 무효가 된다. 예를 들어 M 통신사의 이동통신서비스 이용 약관 중 과도한 위약금 조항이 무효로 판정되었다고 가정해보자. 이 경우 위약금 조항만 무효가 되고 나머지 이용 약관은 여전히 유효하다. 그러나 만약 이 위약금 조항이 M 통신사의 수익 구조에 핵심적이어서 이 조항 없이는 서비스 제공이 불가능하다면 약관 전체가 무효가 될 수 있다.

> **약관법 제16조**(일부 무효의 특칙)
> 약관의 전부 또는 일부의 조항이 제3조 제4항에 따라 계약의 내용이 되지 못하는 경우나 제6조부터 제14조까지의 규정에 따라 무효인 경우 <u>계약은 나머지 부분만으로 유효하게 존속한다. 다만, 유효한 부분만으로는 계약의 목적 달성이 불가능하거나 그 유효한 부분이 한쪽 당사자에게 부당하게 불리한 경우에는 그 계약은 무효로 한다.</u>

일부 무효 조항은 계약의 안정성과 거래의 연속성을 보장하는 중요한 안전장치다. 이를 통해 계약 당사자들은 일부 조항의 문제로 인한 전체 계약의 무효화 위험을 크게 줄일 수 있다. 따라서 계약 체결시 이 조항의 포함 여부를 반드시 확인하고 그 의미와 한계를 정확히 이해해야 한다. 또한 약관을 사용할 때는 약관법의 특별 규정을 고려하여 더욱 신중하게 접근해야 한다.

9) 교통정리 조항

 교통정리 조항은 단순히 계약서 간의 우선순위를 정하는 것을 넘어 전체 계약 구조를 체계화하는 역할을 한다. 현대의 비즈니스 환경에서는 하나의 거래를 위해 여러 계약서를 작성하는 것이 일반적이다. 이러한 복잡한 계약 구조에서 각 문서 간의 관계를 명확히 하는 것이 중요한데, 이때 필수적인 역할을 하는 것이 바로 '교통정리 조항'이다.

 이 조항의 주요 기능은 다음과 같다.

- 계약 문서의 체계화 : 주계약서, 부속협약서, 별첨, 부록 등 다양한 계약 문서의 관계를 체계적으로 정립한다.
- 시간적 효력 조정 : 계약 체결 전후의 합의 사항들의 효력을 조정한다.
- 상황별 적용 기준 제시 : 특정 상황에서 어떤 계약 문서가 적용되어야 하는지에 대한 기준을 제시한다.
- 계약 해석의 지침 제공 : 계약 내용 해석에서 어떤 원칙을 따라야 하는지 명시한다.
- 국제적 요소 고려 : 국제계약의 경우 언어별 계약서의 우선순위나 준거법 등을 명확히 한다.

 교통정리 조항을 효과적으로 작성하기 위한 방법은 다음과 같다.

- 계약 구조의 시각화 : "본 계약은 다음과 같은 구조로 이루어진다"라는 문구 후에 계약 구조를 도표로 제시하여 이해를 돕는다. "예를 들어 A 조항과 B 조항이 상충할 경우 C의 절차에 따라 해결한다"와 같이 구체적인 예시를 들어 명확성을 높인다.
- 분쟁 해결 절차 명시 : "본 조항의 해석에 관해 분쟁이 발생할 경우 양 당사자가 지명한 중재인의 결정에 따른다"와 같이 분쟁 해결 방법을 미리 정한다.
- 정기적 검토 조항 추가 : "본 교통정리 조항은 매년 검토하며 필요시 양 당사자의 서면 합의로 수정할 수 있다"와 같은 문구를 통해 조항의 현실 적합성을 유지한다.
- 산업별 특수성 반영 : IT 계약의 경우 "소프트웨어 버전 업그레이드에 따른 사양 변경은 가장 최신의 문서를 따른다"와 같이 해당 산업의 특성을 반영한다.

교통정리 조항은 다음 기재례를 참고한다.

[기재례 1] 단순 부속협약서가 있는 경우 또는 계약서 특정이 쉬운 경우

1. 기본 계약서와 부속협약서의 각 조항이 상호 불일치하는 경우에는 기본 계약서의 내용을 우선한다.
2. '갑'과 '을' 간에 2015년 6월 5일자로 작성된 물품 공급계약서는 본 계약서와 저촉되는 범위에서 효력이 없다.
3. '갑'과 '을' 간에 2015년 6월 5일자로 작성된 물품 공급계약서는 더이상 효력이 없으며 본 계약으로 대체한다.

[기재례 2] 여러 개의 계약서가 있는 경우

> **제2조**
>
> 본 계약의 이행에 필요한 상세 사항들은 첨부 서류에 정한다. 첨부 서류들은 본 계약의 일부로서 효력을 가지며 첨부 서류의 각 내용 중 상반·상충되거나 해석상의 의문이 있는 경우 <u>본 조의 아래 기재 순서에 따라 효력을 가진다.</u>
>
> 1. 본 계약서
> 2. 설계도
> 3. 계약 특별 조건

사례를 들어 좀더 구체적으로 살펴보자.

[사례 1]

> I 제약회사와 J 연구소가 신약 개발을 위한 공동 연구계약을 체결했다. 이들은 기본 연구계약서, 비밀 유지 협약, 특허권 공유 협약, 임상시험 계획서 등 여러 문서를 작성했다.

이에 대한 교통정리 조항은 다음과 같이 구체화할 수 있다.

> 1. 본 조항은 I 제약회사와 J 연구소 간의 신약 개발 프로젝트와 관련된 모든 계약 문서에 적용된다.
> 2. 계약 문서의 우선순위는 다음과 같다.
>   ① 기본 연구계약서

② 특허권 공유 협약

③ 비밀 유지 협약

④ 임상시험 계획서

⑤ 기타 부속 문서

3. 비밀 유지와 관련된 사항은 ②의 규정에도 불구하고 비밀 유지 협약이 우선하여 적용된다.
4. 임상시험 진행중 발생하는 긴급 상황에 대해서는 임상시험 계획서의 관련 조항이 다른 모든 문서에 우선하여 적용된다.
5. 본 프로젝트 진행중 당사자 간 서면으로 합의된 사항은 위 우선순위에도 불구하고 가장 최신의 합의 사항을 우선하여 적용한다.

[사례 2]

K 건설사는 대규모 복합단지 개발 프로젝트를 수주했다. 이 프로젝트에는 주거시설, 상업시설, 문화시설 등이 포함되어 있었다. K 건설사는 발주처와 기본 계약을 체결한 후 시설별로 세부 계약을 추가로 체결했다. 또한 여러 하청업체와의 계약, 금융기관과의 대출계약 등도 함께 이루어졌다.

이런 복잡한 계약 구조에서 교통정리 조항을 다음과 같이 구체화할 수 있다.

1. 본 프로젝트와 관련된 모든 계약의 기본이 되는 문서는 20○○년 ○월 ○일자로 체결된 '복합단지 개발 기본 계약서'다.

2. 각 시설별 세부 계약은 해당시설에 대해서만 기본 계약서에 우선하여 적용된다.
3. 하청업체와의 계약은 해당 업무 범위 내에서 K 건설사의 책임과 의무를 구체화하는 것으로 발주처와의 계약에 저촉되지 않는 범위 내에서 효력을 가진다.
4. 금융기관과의 대출계약은 자금 조달에 관한 사항에 대해서만 다른 모든 계약에 우선하여 적용된다.
5. 계약 문서 간 상충되는 내용이 있을 경우 당사자들은 신의성실의 원칙에 따라 협의하여 해결하되, 협의가 이루어지지 않을 경우 다음의 우선순위에 따른다.
   ① 당사자 간 서면 합의 사항
   ② 기본 계약서
   ③ 시설별 세부계약
   ④ 하청계약
   ⑤ 기타 부속 문서

10) 계약기간 조항

계약기간은 계약의 성립 시점, 존속기간, 갱신 여부를 정하는 핵심 조항이다. 이를테면 "본 계약은 2024년 8월 1일부터 효력이 발생하며 2025년 7월 31일까지 1년간 유효하다"와 같이 명시함으로써 계약 당사자들은 그들의 권리와 의무의 시간적 범위를 명확히 인지한다.

계약기간 조항은 계약기간 만료시 크게 두 가지 선택지가 있다. 계약 자동 연장과 계약 종료다. 이 선택은 기업의 상황과 전략에 따라 달라진다.

사례를 통해 좀더 구체적으로 살펴보자.

[사례 1] 원자재 공급 계약 : A 전자회사와 B 반도체회사의 경우

- 상황 1 : 반도체가격 상승 추세

→ A 회사 전략 : 장기계약 체결로 가격 고정

- 상황 2 : 반도체가격 하락 추세

→ A 회사 전략 : 단기계약 또는 수시 재협상 조건 설정

[사례 2] 임대차계약 : C 프랜차이즈와 D 건물주의 경우

- 상황 1 : 상권 발전중

→ C 회사 전략 : 장기계약으로 임대료 상승 방지

- 상황 2 : 상권 쇠퇴중

→ C 회사 전략 : 단기계약 후 이전 고려

계약기간은 기본적으로 당사자 의사에 따라 결정되나 법률로 제한되는 경우도 있다.

- 상가건물 임대차보호법, 주택임대차보호법 : 최소 기간 제한 존재.
- 근로기준법 : 기간제 근로자 사용기간 최대 2년

- 약관의 규제에 관한 법률 제9조 제5호 : 부당한 계약기간 설정 조항은 무효
- 독점 규제 및 공정거래에 관한 법률 제45조 : 부당한 거래 거절 금지
- 가맹사업거래의 공정화에 관한 법률 제13조 제1항 : 가맹점 계약 갱신 요구 거절 제한

다음 상황에 따라 기재례를 참고하여 작성한다.

[기재례 1] 자동 연장+동일 조건(유리한 계약 유지에 적합)

> 본 계약의 유효기간은 계약일로부터 1년간으로 한다. 단, 계약 만료일 1개월 전까지 당사자 일방으로부터 반대의 의사표시가 없으면 본 계약은 동일한 조건으로 1년간 자동 연장되는 것으로 본다.

[기재례 2] 자동 연장+새로운 협의(시장 변화에 대응 가능)

> 본 계약의 유효기간은 계약일로부터 1년간으로 한다. 단, 계약 만료일 1개월 전까지 당사자 일방으로부터 반대의 의사표시가 없으면 본 계약은 1년간 자동 연장되는 것으로 본다. 다만, 계약 조건은 당사자가 협의하여 정한다.

[기재례 3] 종료 조항(불리한 계약 탈출에 유용)

> 본 계약의 유효기간은 계약일로부터 1년간으로 한다. 단, 계약 만료일 1개월 전까지 당사자 일방으로부터 반대의 의사표시가 없으면 본 계약은 기간 만료로 종료되는 것으로 본다.

[기재례 4] 연장 협상 조항(협상력 확보의 유리)

> '갑'은 본 계약의 만료일 60일 전부터 30일 전까지 계약의 연장에 대하여 '을'과 협상을 하며 동 기간 '갑'은 제3자와의 사이에 본 계약과 관련한 어떠한 협상 및 접촉을 할 수 없다.

계약기간 조항은 단순한 형식적 요소가 아닌 기업의 전략적 도구다. 법무 담당자는 이를 활용하여 기업 이익을 극대화하고 법적 리스크를 최소화해야 한다. 동시에 관련 법규를 숙지하고 준수하여 불필요한 분쟁을 예방하는 것이 중요하다.

11) 해제·해지 조항

해제와 해지는 계약을 종료시키는 방법으로 그 차이를 정확히 이해하는 것이 중요하다. 해제는 계약의 효력을 소급하여 소멸시켜 계약이 처음부터 없었던 것으로 만드는 것이고 해지는 이전까지의 계약은 유효하되, 앞으로의 계약 효력을 소멸시킨다.

계약은 영원할 수 없다. 때로는 계약을 끝내야 할 때가 온다. 이때 필요한 것이 바로 해제·해지 조항이다. 이 조항을 어떻게 작성하느냐에 따라 기업의 이익이 크게 좌우될 수 있다. 해제·해지 조항은 단순히 계약을 끝내는 방법이 아니라 기업의 리스크 관리와 전략적 유연성을 확보하는 핵심 도구다.

그러면 언제 해제하고 언제 해지해야 할까? 계약이 처음부터 문제가 있었다면 계약을 해제하고 계약이 잘 이행되었으나 앞으로 유지하지 않으려면 계약을 해지한다.

예시를 통해 좀더 자세히 살펴보자.

[예시 1]
> A 전자회사가 B 부품 공급업체와 부품 공급계약을 체결했는데, B 공급업체가 처음부터 계약서에 명시된 품질 기준을 충족하는 부품을 생산할 능력이 없었던 경우 계약을 해제할 수 있다.

이 경우 A 회사는 이미 지급한 대금 반환 요구가 가능하며 B 부품업체는 공급한 부품의 반환을 요구할 수 있다.

[예시 2]
> C 소프트웨어회사와 D 기업이 5년간 소프트웨어 유지보수계약을 맺고 3년간 잘 이행해왔으나 D 기업이 새로운 시스템으로 전환하여 더이상 C 회사의 서비스가 필요 없어진 경우 계약을 해지할 수 있다.

이 경우 이미 이행된 3년간의 계약은 유효하고 남은 2년에 대해서만 계약 효력이 상실된다.

[예시 3]
> E 건설회사와 F 하청업체가 건설 공사계약을 체결했으나 F 하청업체가 계약 직후 파산 선고를 받은 경우 계약을 해제할 수 있다.

이때 계약금 등 모든 급부는 원상 회복된다.

해제·해지의 법적 근거로서 관련 법규로는 민법 제543조부터 제553조가 있다.

> **제543조**(해지, 해제권)
> ① 계약 또는 법률의 규정에 의하여 당사자의 일방이나 쌍방이 해지 또는 해제의 권리가 있는 때에는 그 해지 또는 해제는 상대방에 대한 의사표시로 한다.
> ② 전항의 의사표시는 철회하지 못한다.
>
> **제544조**(이행 지체와 해제)
> 당사자 일방이 그 채무를 이행하지 아니하는 때에는 상대방은 상당한 기간을 정하여 그 이행을 최고하고 그 기간 내에 이행하지 아니한 때에는 계약을 해제할 수 있다. 그러나 채무자가 미리 이행하지 아니할 의사를 표시한 경우에는 최고를 요하지 아니한다.
>
> **제546조**(이행 불능과 해제)
> 채무자의 책임 있는 사유로 이행이 불능하게 된 때에는 채권자는 계약을 해제할 수 있다.

해제·해지 조항이 필요한 이유는 민법의 규정만으로 복잡한 비즈니스 관계를 모두 관리하기 어렵기 때문이다. 따라서 기업에 유리한 해제·해지 조항을 작성하는 것이 중요하다. 이는 계약에서 '갑'과 '을'의 지위와도 밀접한 연관이 있다.

예를 들어 대기업(갑)과 중소 협력업체(을)의 거래의 경우 대기업은 더욱 유연한 해지 조건을, 협력업체는 안정적인 계약 유지를 원할 것이다. 또한 프랜차이즈계약의 경우에 가맹본부(갑)는 브랜드 가치 보호를 위해 엄격한 해지 조건을, 가맹점주(을)는 투자금 회수를 위해 장기계약 보장을 원할 것이다.

해지에는 임의 해지 조항이 포함될 수 있는데, 이는 계약 당사자가 특별한 사유 없이도 자유롭게 계약을 종료할 수 있도록 하는 조항이다. 이는 계약의 유연성을 높이고 당사자들에게 계약에서 벗어날 수 있는 권리를 부여한다.

임의 해지는 통상적으로 다음 사항을 고려하여 작성한다.

- 통지기간 : 30일, 60일, 90일 등 적절한 사전 통지기간을 명시한다.
- 통지 방법 : 서면 통지 등 구체적인 통지 방법을 명시한다.
- 해지 후 처리 : 계약 종료 후의 의무 사항이나 정산 방법을 명확히 한다.
- 제한 사항 : 필요한 경우 임의 해지할 수 없는 기간을 설정할 수 있다.

예시를 통해 임의 해지에 대해 좀더 자세히 알아보자.

[예시]

제1항 및 제2항에 해당하지 않는 부득이한 사유로 어느 일방이 이 계약을 해

지하려는 경우 해지 3개월 전까지 상대방에게 그 사유를 서면으로 통지해야 해지할 수 있다.

각 당사자는 상대방에게 30일 전 서면 통지를 함으로써 본 계약을 임의로 해지할 수 있다. 단, 계약 체결일로부터 1년 이내에는 임의 해지할 수 없다.

임의 해지 조항은 '계약의 안정성'을 해할 수 있다. 따라서 계약의 성격과 당사자들의 이해관계를 고려하여 신중하게 작성해야 한다.

해제·해지 조항은 다음 사항을 고려하여 작성한다.

- 즉시 해제·해지 가능한 사유 나열 : 계약의 즉시 해제·해지를 정당화할 수 있는 중대한 위반 사항들을 명확히 나열한다.

다음 각 호의 사유가 발생한 경우 갑은 을에게 별도의 시정 기회를 부여하지 않고 즉시 본 계약을 해제할 수 있다.
1. 을이 본 계약상의 기밀 유지 의무를 위반한 경우
2. 을이 갑의 지식재산권을 고의로 침해한 경우
3. 을이 뇌물 수수 등 중대한 법령 위반으로 형사 기소된 경우

- 시정 기회 부여 : 덜 심각한 계약 위반의 경우 상대방에게 시정할 기회를 제공할 것인지 고려한다. 이때 '상당 기간'과 같은 모호한 표현 대신 구체적인 일수를 명시한다.

> 갑은 을이 본 계약을 위반한 경우 을에게 서면으로 시정을 요구할 수 있으며 을이 시정 요구를 받은 날로부터 14일 이내에 위반 사항을 시정하지 않을 경우 본 계약을 해지할 수 있다.

- 서면 통보 의무화 : 해제·해지 통보는 반드시 서면으로 이루어져야 함을 명시한다. 이는 법적 분쟁 발생시 증거로 활용될 수 있다.

> 본 계약의 해제 또는 해지는 상대방에 대한 서면 통지로써 효력이 발생한다.

- 업종별, 거래 형태별 맞춤형 조항 : 해당 비즈니스의 특성을 고려한 맞춤형 해제·해지 조항을 작성한다.

[소프트웨어 라이선스계약]
> '갑'이 본 소프트웨어를 무단으로 제3자에게 재판매하거나 서브 라이선스를 부여한 경우 '을'은 즉시 본 계약을 해지하고 모든 라이선스를 취소할 수 있다.

- 임의 해지 조항을 넣을 것인가를 결정 : 임의 해지 조항은 필수 조항이 아니다. 계약의 유연성을 증대한다는 장점은 있지만 반대로 계약의 안정성을 감소시킨다. 신중히 판단하여 결정하자.
- 단계적 대응 방안 추가 : 위반의 중대성에 따라 경고, 일시적 계약 정지, 최종 해지 등의 단계적 대응 방안을 넣을 수도 있다.

> 1. 경미한 계약 위반의 경우 갑은 을에게 서면 경고를 발행할 수 있다.
> 2. 을이 동일한 위반을 반복하거나 1개월 내 3회 이상의 서면 경고를 받은 경우 갑은 본 계약에 따른 의무 이행을 최대 30일간 정지할 수 있다.
> 3. 계약 정지 기간 동안 을이 위반 사항을 시정하지 않거나 계약 정지 해제 후 6개월 이내에 다시 계약을 위반한 경우 갑은 본 계약을 해지할 수 있다.

해제·해지 조항은 다음 기재례를 참고한다.

[기재례 1] 일반적인 거래계약

> **제O조**(계약의 해제 및 해지)
> 1. 갑 또는 을은 다음 각 호의 사유가 발생한 경우 그 즉시 서면으로 본 계약을 해제 또는 해지할 수 있다.
>   ① 상대방이 본 계약상 의무를 중대하게 위반하고, 시정을 요구하는 서면 통지를 받은 날로부터 14일 이내에 이를 시정하지 않은 경우
>   ② 상대방이 부도, 파산, 회생절차 개시 신청을 한 경우
>   ③ 상대방이 해산, 영업의 양도 또는 타 회사로의 합병을 결의한 경우
> 2. 제1항에 의한 계약의 해제·해지는 손해배상 청구에 영향을 미치지 아니한다.

[기재례 2] 면허나 등록이 필요한 업종

> **제O조**(특별 해지 사유)
> 1. '갑' 또는 '을'은 상대방에게 다음 각 호의 사유가 발생한 때 최고 없이 서면으로 계약의 일부 또는 전부를 해제할 수 있다.

① 관할 행정관청으로부터 받은 면허나 등록 사항이 이 계약상 내용과 다른 경우

② 관할 행정관청으로부터 받은 면허나 등록이 취소되거나 업무 정지 처분 등을 받은 경우

2. 제1항 제2호의 경우 업무 정지기간이 30일 이내고 해당 처분이 본 계약의 이행에 중대한 영향을 미치지 않는다고 판단되는 경우에는 상대방과 협의하여 계약의 유지 여부를 결정할 수 있다.

[기재례 3] 공시계약의 경우

제O조(계약의 해제 및 해지)

1. '갑' 또는 '을'은 다음 각 호에 해당하는 사유가 있을 경우 서면으로 7일의 기간을 정하여 계약의 이행을 최고한 후 동 기간 내에 계약이 이행되지 아니한 때는 당해 계약의 전부 또는 일부를 해제 또는 해지할 수 있다.

① '갑' 또는 '을'이 계약 조건에 위반하여 그 위반으로 인하여 계약의 목적을 달성할 수 없다고 인정될 때

② 부도 또는 도산 등 '을'의 귀책 사유로 약정한 공사기간 내에 공사를 완성할 수 없는 것이 명백히 인정될 때

③ '갑'이 정당한 이유 없이 계약 내용을 이행하지 아니하고 그 위반으로 공사를 완성하는 것이 불가능한 때

④ '을'이 정당한 이유 없이 약정한 착공기간을 30일 이상 경과하고도 공사에 착공하지 아니한 때

2. '갑'은 다음 각 호에 해당하는 사유가 있을 경우 최고 없이 즉시 계약을 해

> 제 또는 해지할 수 있다.
> ① '을'이 정당한 이유 없이 착공을 거부한다는 의사를 명백히 표시한 경우
> ② '을'의 책임 있는 사유로 인해 공정률이 예정 공정률보다 30% 이상 지연되고, 이로 인해 공사의 완성이 불가능하다고 객관적으로 인정되는 경우
> 3. 본 조에 의한 계약의 해제·해지는 손해배상 청구에 영향을 미치지 아니한다.

계약 해제·해지 후에는 두 가지 문제가 발생하므로 후속 조치를 취해야 한다.

첫째, 해제·해지가 정당한가?
둘째, 해제·해지 후에 후속 조치를 어떻게 할 것인가?

- 해제의 경우 : 손해배상 및 원상 회복 의무가 발생한다.
- 해지의 경우 : 손해배상 문제가 발생한다.

민법에 다음과 같이 규정되어 있다.

> **제548조** (해제의 효과, 원상회복의무)
> 1. 당사자 일방이 계약을 해제한 때에는 각 당사자는 그 상대방에 대하여 <u>원상회복의 의무</u>가 있다. 그러나 제삼자의 권리를 해하지 못한다.
> 2. 전항의 경우에 반환할 금전에는 그 받은 날로부터 이자를 가하여야 한다.

> **제551조**(해지, 해제와 손해배상)
> 계약의 해지 또는 해제는 손해배상의 청구에 영향을 미치지 아니한다.

다음과 같은 조항을 넣는 경우도 있다.

> **제O조**(계약 종료 후 조치)
> 1. 본 계약이 해제된 경우 각 당사자는 상대방에게 이미 지급받은 금전, 물품 등을 지체 없이 반환해야 한다. 이 경우 반환할 금전에는 그 받은 날로부터 연 5%의 이자를 가산한다
> 2. 본 계약이 해지된 경우 해지 시점까지 발생한 채권·채무는 계약 종료에 영향을 받지 아니한다.
> 3. 계약의 해제 또는 해지로 인해 손해가 발생한 경우 귀책 사유가 있는 당사자는 상대방에게 그 손해를 배상해야 한다. 다만, 천재지변 등 불가항력적 사유로 인한 경우는 제외한다.

해제·해지 조항 작성시 주의해야 할 점이 있다.

특별법의 경우 여러 특별법이 해제·해지 조항에 영향을 미칠 수 있다.

- 독점 규제 및 공정거래에 관한 법률
- 가맹사업거래의 공정화에 관한 법률 제13조 내지 14조 가맹계약 갱신과 해지 조항

- 약관의 규제에 관한 법률 : 약관규제법 제9조는 불공정한 해제·해지 조항을 무효로 규정하고 있다.

구식 계약서의 경우 과거에는 압류, 가압류, 가처분, 지급 정지를 즉시 계약 해지 사유로 규정하는 경우가 많았다. 그러나 이는 양측 모두에게 불리할 수 있다. 따라서 일정 기간 내에 해당 상황이 해소되지 않을 경우에만 해지할 수 있도록 수정하는 것이 바람직하다.

제○조(계약의 해지)

1. '갑' 또는 '을'에 대해 다음 각 호의 사유가 발생하고 그로부터 30일 이내에 해당 사유가 해소되지 않는 경우 상대방은 본 계약을 해지할 수 있다.
   ① 압류, 가압류, 가처분 등의 강제 집행
   ② 어음 또는 수표의 부도
   ③ 파산, 회생 절차 또는 이와 유사한 절차의 신청
   ④ 조세 체납 처분
2. 제1항의 해지는 상대방에 대한 서면 통지로써 이루어지며 통지가 도달한 날로부터 효력이 발생한다.
3. 본 조에 따른 계약의 해지는 손해배상 청구권의 행사에 영향을 미치지 아니한다.

해제·해지 조항은 계약의 출구 전략이자 리스크 관리 도구다. 이를 전략적으로 작성함으로써 기업은 불필요한 법적 리스크를 줄

이고 필요시 신속하고 효과적으로 계약 관계를 종료할 수 있다. 그러나 동시에 관련 법규를 준수하고 상대방의 정당한 이익도 고려해야 한다는 점을 유의하자.

12) 잔존 의무 조항

계약이 종료되었다고 해서 모든 책임과 의무가 사라지는 것이 아니다. 때로는 계약 종료 후에도 당사자들이 지켜야 할 의무가 남아있다. 잔존 의무 조항은 계약이 종료된 후에도 계약의 대상물에 따라 필요한 후속 조치가 지속되어야 할 의무를 규정하는 조항이다. 이는 계약 당사자들의 책임이 계약기간을 넘어 연장되는 영역을 명확히 한다.

예를 들면 자동차 제조업체와 부품 공급업체 간의 계약의 경우 계약 종료 후에도 공급된 부품의 품질 보증기간 동안 부품 공급업체의 A/S 의무가 지속된다. 소프트웨어 개발계약의 경우 계약 종료 후에도 개발된 소프트웨어의 소스 코드에 대한 비밀 유지 의무가 유지된다. 프랜차이즈계약의 경우 계약 종료 후에도 일정 기간 동안 프랜차이즈 노하우와 영업 비밀을 사용하지 않을 의무가 있다.

잔존 의무 조항은 계약이 끝난 후 분쟁이 생기기 쉬운 부분이다. 그러므로 사후 관리가 필요한 기간을 명확히 정하는 것이 핵심이다. 이는 다음과 같은 이유로 중요하다.

- 법적 분쟁 예방 : 계약 종료 후의 책임 범위를 명확히 함으로써 불필요한 법

적 분쟁을 예방할 수 있다. 이를테면 A 전자와 B 부품회사 간의 계약에서 계약 종료 후 3년간 B 부품회사가 공급한 부품에 대한 품질 보증 책임을 명시함으로써 향후 발생할 수 있는 품질 문제에 대한 책임 소재를 명확히 한다.
- 비용 예측 가능성 : 계약 당사자들이 계약 종료 후에도 부담해야 할 비용을 예측할 수 있게 한다. 가령 C 건설사가 D 하청업체와 계약시 공사 완료 후 2년간의 하자 보수 의무를 명시함으로써 D 하청업체는 이에 따른 비용을 사전에 예측하고 준비할 수 있다.
- 신뢰 관계 유지 : 계약 종료 후에도 필요한 의무를 성실히 이행함으로써 비즈니스 파트너 간의 신뢰 관계를 유지할 수 있다. 가령 E 식품회사와 F 유통회사 간의 계약에서 계약 종료 후에도 6개월간 E 회사 제품의 재고 소진을 위해 F 회사가 협력한다는 조항을 통해 상호 신뢰와 협력 관계를 유지할 수 있다.

이를 위해 필요한 부품, 용역별로 사후 관리가 필요한 기간을 합리적으로 정하고 이를 정하게 된 근거 자료를 상세히 남겨놓아야 한다.

잔존 의무 조항을 작성할 때 참고할 수 있는 자료로는 다음과 같은 것이 있다.

- 제조물의 경우 : 공정거래위원회의 고시인 '품목별 소비자분쟁 해결 기준' 해당 기준에서는 품목별, 분쟁유형별 해결 기준이 마련되어 있다. 이를테면

가구를 구매했는데 도장이 불량한 경우 구입일로부터 6개월 이내에 제품 교환이 가능하다.
- 업계 표준 : 해당 산업 분야에서 일반적으로 통용되는 보증기간이나 사후관리기간 기준이 마련되어 있다. 이를테면 IT 서비스업계는 시스템 구축 완료 후 1년간 무상 유지보수를 제공해야 하며 건설업계는 공사 종류에 따라 1년에서 10년의 하자보수 책임기간이 설정되어 있다.

잔존 의무 조항은 제품이나 서비스의 특성에 따라 적용되는 특별법과 같은 관련 법규가 마련되어 있다.

- 건설산업기본법 : 건물의 주요 구조부에 대해 10년의 하자담보 책임기간 규정(건설산업기본법 제28조)
- 개인정보보호법 : 개인정보 파기 의무 등 규정(개인정보보호법 제21조)

그러나 이러한 일반적인 기준만으로는 충분하지 않다. 결국 실무를 알고, 해당 계약에서 어떤 사후 결과가 도출되는지를 완벽히 파악하고 있어야 적절한 잔존 의무 조항을 작성할 수 있다.

다만, 잔존 의무 조항을 작성할 때 다음과 같은 점을 주의해야 한다.

- 구체성과 명확성 : 각 잔존 의무의 내용, 기간, 범위를 구체적이고 명확하게 기술해야 한다. 이를테면 '상당 기간 동안'이라는 모호한 표현 대신 '계약 종

료일로부터 2년간'과 같이 명확한 기간을 명시한다.
- 형평성 : 양 당사자의 이익을 균형 있게 고려해야 한다. 이를테면 프랜차이즈계약에서 가맹점주의 경업 금지 의무와 함께 본사의 재고 처리 협조 의무를 동시에 규정한다.
- 합리성 : 잔존 의무의 기간과 범위가 해당 거래의 특성에 비추어 합리적이어야 한다. 이를테면 IT 서비스계약에서 기술의 빠른 변화를 고려하여 비밀 유지 의무기간을 3년으로 한정한다.
- 법적 제한 고려 : 일부 잔존 의무(경업 금지)는 법적으로 그 기간과 범위가 제한될 수 있음을 유의해야 한다. 가령 경업 금지 조항의 경우 기간은 보통 1~2년 이내, 지역은 합리적 범위 내로 제한한다.
- 이행 가능성 : 계약 종료 후에도 실제로 이행할 수 있는 의무만을 규정해야 한다. 이를테면 계약 종료 후 10년간 모든 기술 자료를 보관하도록 하는 것은 현실적으로 어려울 수 있으므로 중요 자료에 한정하여 5년간 보관하도록 수정한다.
- 단계적 적용 : 필요에 따라 잔존 의무를 단계적으로 적용할 수 있다. 이를테면 비밀 유지 의무의 경우 계약 종료 후 2년간은 모든 정보에 대해, 그 이후 3년간은 핵심 기술 정보에 대해서만 적용하도록 규정한다.
- 이행 확보 방안 : 잔존 의무 조항을 계약서에 포함하는 것만으로는 충분하지 않다. 실제로 이를 이행하도록 하는 방안도 함께 고려해야 한다. 계약의 상황에 따라 적절히 반영한다. 대표적인 것이 위약금 조항과 이행 보증금 조항이다.

[위약금 조항 추가]

"본 조의 잔존 의무를 위반한 당사자는 상대방에게 금 _____원의 위약금을 지급해야 한다. 단, 이는 실제 손해배상 청구에 영향을 미치지 않는다."

[이행 보증금 예치]

"'을'은 잔존 의무 이행을 보증하기 위해 계약 종료시 금 _____원을 '갑'에게 예치한다. 이 보증금은 잔존 의무 기간이 종료되면 이자와 함께 '을'에게 반환된다."

잔존 의무 조항을 작성할 때 업종별로 다음 기재례를 참고한다.

[기재례 1] IT 서비스계약의 경우

제O조(잔존 의무)

1. '갑'과 '을'은 본 계약의 기간 만료 또는 계약의 해제·해지 후에도 다음 각 호에 관한 의무를 부담한다.
   ① 제7조에 의한 하자담보 책임
   ② 제10조의 규정에 따른 비밀 유지에 관한 사항
   ③ 제12조에 따른 개인정보 보호에 관한 사항

2. '을'은 본 계약 종료 후 30일 이내에 '갑'의 모든 데이터를 '갑'이 지정하는 방식으로 반환하고 자신의 시스템에서 완전히 삭제해야 한다. 단, 법령에 따라 보관이 필요한 정보는 예외로 한다.

3. '을'은 본 계약 종료 후 3년간 본 계약과 관련하여 알게 된 '갑'의 영업 비밀

을 누설하거나 부당하게 사용해서는 안 된다.

4. '을'은 본 계약 종료 후 1년간 '갑'의 요청이 있을 경우 합리적인 범위 내에서 시스템 운영에 관한 기술 지원을 제공해야 한다. 이에 대한 비용은 별도 협의한다.

[기재례 2] 제조업 계약의 경우

제O조(잔존 의무)

1. '갑'과 '을'은 본 계약의 기간 만료 또는 계약의 해제·해지 후에도 다음 각 호에 관한 의무를 부담한다.

   ① 제7조에 의한 하자담보 책임

   ② 제10조의 규정에 따른 비밀 유지에 관한 사항

2. '을'은 본 계약 종료 후에도 '갑'에게 공급한 제품에 대해 다음과 같이 무상 A/S를 제공한다.

   ① 제품 A : 계약 종료일로부터 2년간

   ② 제품 B : 계약 종료일로부터 1년간

3. '을'은 본 계약 종료 후 5년간 '갑'에게 공급한 제품의 유상 수리에 필요한 부품을 보유하고 수리 요청시 이에 응해야 한다.

4. '을'은 본 계약 종료 후 2년간 '갑'의 사전 서면 동의 없이 본 계약을 통해 알게 된 '갑'의 제품 설계 정보를 활용한 제품을 개발하거나 판매해서는 안 된다.

[기재례 3] 프랜차이즈계약의 경우

> **제○조**(잔존 의무)
>
> 1. '갑'(프랜차이즈 본사)과 '을'(가맹점주)은 본 계약의 기간 만료 또는 계약의 해제·해지 후에도 다음 각 호에 관한 의무를 부담한다.
>   ① 제10조의 규정에 따른 비밀 유지에 관한 사항
>   ② 제12조에 따른 개인 정보 보호에 관한 사항
> 2. '을'은 계약 종료일로부터 2년간 '갑'의 상표, 서비스표, 상호 등을 사용해서는 안 되며 이와 유사한 표지를 사용하여 '갑'의 영업과 혼동을 일으킬 수 있는 행위를 해서는 안 된다.
> 3. '을'은 계약 종료일로부터 2년간 '갑'의 영업 노하우, 매뉴얼 등을 활용한 동종 또는 유사 업종의 영업을 해서는 안 된다. 단, 이는 '을'의 영업 지역으로부터 반경 5킬로미터 이내에 한한다.
> 4. '갑'은 계약 종료 후 6개월간 '을'의 잔여 재고 처리에 협조해야 한다.

잔존 의무 조항은 계약 종료 후의 책임과 의무를 명확히 함으로써 불필요한 분쟁을 예방하고 당사자 간의 신뢰를 유지하는 중요한 역할을 한다. 이 조항을 효과적으로 작성하기 위해서는 해당 거래의 특성을 깊이 이해하고 관련 법규와 업계 관행을 충분히 고려해야 한다. 또한 계약 이행 과정에서 발생할 수 있는 다양한 시나리오를 예측하여 이에 대비하는 것도 중요하다. 예를 들어 기술 이전 계약의 경우 계약 종료 후 기술 사용 권한, 개량 기술에 대한 권리 등을 명확히 규정해야 한다.

13) 조건 조항

조건은 계약의 효력이나 당사자의 권리 의무가 특정 조건의 성취 여부에 따라 변동되도록 하는 계약 조항이다. 계약의 조건이나 전제 사실에 대한 분쟁이 발생한 경우 현실적으로는 계약 취소가 쉽지 않다. 일단 해당 사실을 증명하는 것이 어렵고 민법상 착오·사기·강박으로 인한 계약 취소는 엄격한 요건을 요하기 때문이다. 조건 조항은 이러한 경우에 계약을 취소할 수 있도록 하는 조항이다. 예를 들어 "매수인이 계약 체결일로부터 2개월 이내에 대상 부동산에 대한 주택 담보대출을 승인받지 못할 경우 본 계약을 해제할 수 있으며 매도인은 수령한 계약금 전액을 즉시 반환한다."

조건 조항은 다음과 같은 경우에 필요하다.

- 행정적 조건의 충족
  - ㉠ 토지거래 허가 : "본 계약의 효력은 관할 관청으로부터 토지거래 허가를 받는 것을 조건으로 한다."
  - ㉡ 그린벨트 해제 : "본 건 토지가 계약일로부터 1년 이내에 개발 제한 구역에서 해제되지 않을 경우 매수인은 계약을 해제할 수 있다."
  - ㉢ 용도 변경 허가 : "대상 건물의 용도가 상업시설로 변경되지 않을 경우 임차인은 본 임대차계약을 해지할 수 있다."
- 개인적 조건의 달성
  - ㉠ 자격증 취득 : "피고용인이 계약일로부터 6개월 이내에 공인중개사 자격증을 취득하지 못할 경우 고용주는 본 고용계약을 해지할 수 있다."

ⓒ 학위 취득 : "장학금 지급은 수혜자가 해당 학기에 평점 3.5 이상을 유지하는 것을 조건으로 한다."
- 계약의 전제가 되는 사실의 확인
  ㉠ 부동산 하자 : "본 건물에 숨겨진 하자가 발견될 경우 매수인은 계약을 해제하거나 매매 대금의 감액을 청구할 수 있다."
  ㉡ 인허가 존속 : "임차 목적물에 대한 영업 인허가가 임대차기간 중 취소되는 경우 임차인은 본 계약을 해지할 수 있다."

조건 조항을 작성할 때는 다음을 유념해야 한다.

- 명확성과 구체성 확보 : 조건의 내용, 판단 기준, 기한, 효과 등을 명확하고 구체적으로 기술해야 한다.

> 매도인은 2024년 12월 31일까지 대상 토지에 대한 토지거래 허가를 취득해야 한다. 기한 내 허가를 취득하지 못할 경우 매수인은 서면 통지로 본 계약을 해제할 수 있으며 매도인은 수령한 계약금과 중도금 전액에 연 5%의 이자를 가산하여 매수인에게 반환해야 한다.

- 조건 성취 노력 의무 명시 : 조건 성취를 위해 당사자가 기울여야 할 노력의 정도를 명시하는 것이 좋다.

> 매도인은 토지거래 허가 취득을 위해 필요한 모든 합리적인 노력을 다해야 하

> 며 진행 상황을 매월 1회 이상 매수인에게 서면으로 보고해야 한다.

- 조건 불성취시 대안 제시 : 조건이 성취되지 않았을 때의 대안을 미리 정해 두면 분쟁을 예방할 수 있다.

> 본 건물에 대한 용도 변경이 6개월 이내에 승인되지 않을 경우 양 당사자는 30일 이내에 재협상을 진행한다. 재협상이 결렬될 경우 임차인은 위약금 없이 계약을 해지할 수 있다.

조건 조항은 다음의 방법을 활용하여 이행 수단을 마련할 수 있다.

- 에스크로escrow 서비스 활용 : 신뢰할 수 있는 제3자에게 대금을 예치하여 조건 성취시에만 지급되도록 한다.

> 매수인은 중도금 5억 원을 ○○은행의 에스크로 계좌에 예치한다. 본 계약 제5조의 조건이 성취된 경우에 한하여 에스크로 대리인은 해당 금액을 매도인에게 지급한다.

- 지급 보증서 요구 : 상대방의 원상 회복 의무 이행을 담보하기 위해 금융기관의 지급보증서를 요구할 수 있다.

> 매도인은 계약 체결시 계약금 상당액에 대한 ○○은행의 지급보증서를 매수

인에게 제출해야 한다. 본 계약이 해제될 경우 매수인은 지급보증서에 근거해 계약금의 반환을 청구할 수 있다.

- 담보 제공 : 부동산이나 동산에 대한 담보권 설정을 요구할 수 있다.

임대인은 임대차 보증금의 반환을 담보하기 위해 본 계약 체결일로부터 10일 이내에 임차인에게 임대 목적물에 대한 전세권 설정을 해주어야 한다.

조건 조항을 활용할 때 주의해야 할 점이 있다.

- 형평성 고려 : 일방에게 지나치게 불리한 조건은 향후 분쟁의 소지가 될 수 있다.
- 법적 제한 확인 : 일부 조건은 법률로 금지되거나 제한될 수 있으므로 사전에 법률 검토가 필요하다.
- 객관적 판단 기준 마련 : 조건의 성취 여부를 객관적으로 판단할 수 있는 기준을 제시해야 한다.
- 기한 설정 : 조건의 성취 여부를 판단할 수 있는 명확한 기한을 정해야 한다.

조건 조항은 계약 당사자들의 이해관계를 조율하고 불확실성에 대비하는 유용한 도구다. 그러나 그 활용에는 신중함과 전문성이 요구된다. 계약의 목적과 당사자들의 의도를 정확히 파악하고 이를 명확하고 구체적인 언어로 표현해야 한다. 또한 조건의 성취 여부에 따른 효과와 그 이행을 담보할 수 있는 수단을 함께 마련해야 한다.

14) 관할·중재 조항

관할·중재는 계약 관련 분쟁 발생시 이를 해결할 기관을 미리 정하는 조항이다. 이는 분쟁의 신속하고 효율적인 해결을 도모하고 당사자에게 유리한 재판 여건을 확보하는 데 중요한 역할을 한다. 이를테면 "본 계약과 관련하여 발생하는 모든 분쟁은 서울중앙지방법원을 제1심 관할법원으로 한다. 단, 당사자 간 합의로 대한상사중재원의 중재로 해결할 수 있다"와 같이 조항을 포함할 수 있다. 관할·중재 조항은 국내계약서에서보다 국제계약서에서 큰 의미가 있다.

국내계약서에서 주의해야 할 점은 '중재'를 받을 것인지 여부와 특별법의 관할 위반인지 여부다.

- 명확성과 구체성 확보 : 조항의 적용 범위, 관할 법원 또는 중재기관, 준거법 등을 명확히 기술해야 한다.

> 본 계약 및 이와 관련하여 발생하는 모든 분쟁(계약의 존재, 유효성 또는 종료에 관한 분쟁 포함)은 대한민국 서울에서 대한상사중재원 중재 규칙에 따라 최종적으로 해결한다. 중재인은 1인으로 하며 중재 절차에 사용될 언어는 한국어로 한다. 중재 판정은 최종적이며 당사자들에 대하여 구속력을 가진다.

- 당사자 간 협의를 통한 합의 : 일방에게 지나치게 불리한 조항은 향후 무효

가 될 수 있으므로 양 당사자의 이해관계를 고려해야 한다.

> 본 계약과 관련된 분쟁은 피고의 주소지를 관할하는 법원을 제1심 관할 법원으로 한다. 단, 피고의 주소지가 외국이면 서울중앙지방법원을 관할법원으로 한다. 양 당사자는 이 관할 합의가 편의와 비용 측면에서 공평하다는 점을 확인한다.

- 단계적 분쟁 해결 절차 도입 : 소송이나 중재 전 협의나 조정을 거치도록 하여 불필요한 법적 분쟁을 예방할 수 있다

> 본 계약과 관련하여 분쟁이 발생한 경우 당사자들은 다음의 단계적 절차를 따른다.
> 1. 분쟁 발생 후 15일 이내에 고위 임원 간 성실한 협의를 진행한다.
> 2. 협의 개시 후 30일 이내에 해결되지 않을 경우 당사자들은 대한상사중재원의 조정 절차를 신청해야 한다.
> 3. 조정 신청 후 60일 이내에 조정이 성립되지 않을 경우 서울중앙지방법원을 제1심 관할 법원으로 하여 소송을 제기하거나 양 당사자의 합의하에 대한상사중재원의 중재 절차를 개시할 수 있다.

관할·중재 조항을 사용할 때는 다음을 주의해야 한다.

- 중재는 불복이 어렵다 : 당사자의 분쟁을 중재 절차를 통해 해결하는 경우

중재는 재판과 달리 원칙적으로 항소 절차가 없다. 결과에 대해 불복하는 것이 현실적으로 어렵다. 이 점을 꼭 주의해야 한다.
- 전속 관할 고려 : 법률로 전속 관할이 정해진 사건의 경우 당사자의 합의로 관할을 정할 수 없다.
- 약관규제법 검토 : 계약이 약관에 해당하는 경우 고객에게 부당하게 불리한 관할 조항은 무효가 될 수 있다. 따라서 계약의 성격과 당사자의 지위를 고려하여 합리적인 관할 조항을 작성해야 한다.
- 국제거래의 특수성 반영 : 국제거래의 경우 준거법과 관할권에 대한 명확한 합의가 특히 중요하다.

> 본 계약과 관련된 모든 분쟁은 국제상업회의소ICC 중재 규칙에 따라 홍콩에서 영어로 진행되는 중재로 최종 해결한다. 준거법은 국제물품 매매계약에 관한 UN협약CISG으로 하며 CISG에서 규율하지 않는 사항은 영국법을 적용한다.

그럼에도 불구하고 변론 관할(응소 관할)이 발생할 수 있다. 계약서에 기재된 관할과 다른 곳에서 소송을 제기한 경우 상대방이 관할 위반을 이유로 이의를 제기하지 않고 본안에 관해 변론하면 해당 법원에 관할권이 생길 수 있다.

15) 통지 규정 조항

통지 규정은 계약 당사자 간의 공식적인 의사소통 방법을 정의

하는 계약 조항이다. 이는 계약상의 권리 행사, 의무 이행, 그리고 중요한 정보의 전달 방식을 규정한다.

통지 규정의 핵심 요소는 다음과 같다.

- 통지 방법 지정

    ㉠ 서면 통지 : 전통적이고 공식적인 방법

    ㉡ 전자적 통지 : 이메일, 팩스 등 신속한 방법

    ㉢ 구두 통지 : 긴급 상황에서의 임시 방법

> 본 계약에 따른 모든 통지는 (a) 인편, (b) 등기우편, (c) 팩스, (d) 이메일 중 하나의 방법으로 이루어져야 한다.

- 통지의 주소 및 연락처

    ㉠ 각 당사자의 공식 통지 수령 주소 및 담당자 지정

    ㉡ 주소 변경시 통지 절차 규정

> **제○조**(통지의 주소)
>
> 각 당사자에 대한 통지는 다음 주소로 한다.
>
> **갑에 대한 통지**
>
> 주 소 : 서울특별시 강남구 테헤란로 123
>
> 수신인 : 김채원 (법무팀장)
>
> 이메일 : chaechae1@company.com

팩　스 : 02-1234-5678

을에 대한 통지

주　소 : 경기도 성남시 분당구 판교로 456

수신인 : 조유리(계약관리팀장)

이메일 : joyuri@partner.com

팩　스 : 031-9876-5432

당사자가 상대방에게 서면으로 변경을 통지하지 않는 한 위 주소로 한 통지는 유효하다.

- 통지의 도달 시점

    ㉠ 각 통지 방법별 도달 간주 시점 명시

    ㉡ 영업일 및 영업시간 개념 정의

(a) 인편 전달 : 수령인 또는 그 대리인이 수령한 시점

(b) 등기우편 : 발송일로부터 3영업일이 경과한 시점

(c) 팩스 : 송신 확인증이 발급된 시점

(d) 이메일 : 발신자의 메일 서버에서 발송 완료된 시점. 단, 오후 6시 이후 발송된 경우 다음 영업일 오전 9시에 도달한 것으로 간주

- 언어 규정
    - ㉠ 통지에 사용될 공식 언어 지정
    - ㉡ 번역 필요시 처리 방법

> 모든 통지는 한국어로 작성되어야 한다. 영어 번역본이 함께 제공되는 경우 불일치가 있을 때는 한국어본을 우선한다.

- 수령 확인 절차
    - ㉠ 중요 통지의 경우 수령 확인 요구
    - ㉡ 수령 확인이 없을 경우의 처리 방법

[예시 1] 간단형

> 수신인이 정당한 사유 없이 통지 수령을 거부하는 경우 해당 통지는 수령 거부 시점에 도달한 것으로 <u>간주한다</u>.

→ 추정이 아니라 간주 규정을 넣어야 한다.[5]

---

[5] 추정과 간주의 차이는 추정은 '경험칙상 그럴 가능성이 큰 경우에 일단 그 사실이 있는 것으로 가정하고 법률 효과를 부여하는 것을 말한다. 추정은 반대 사실이 증명되면 번복될 수 있다. 간주는 진실이 어떠한지와 관계없이 일정한 효과를 부여하는 것이다. 간주된 사실은 반대 증거가 제시되더라도 원칙적으로 번복되지 않는다. 간주는 일반적으로 "~라고 본다"라고 표현하기도 한다.

[예시 2] 중요 통지의 경우

> **제O조**(중요 통지의 수령 확인)
>
> 1. 중요 통지의 정의 : 계약의 해지, 중대한 계약 위반의 통보 등 본 계약의 존속과 직접 관련된 통지를 '중요 통지'라 한다.
> 2. 수령 확인 의무 : 중요 통지의 수신자는 통지 수령 후 24시간 이내에 발신자에게 수령 확인 답신을 해야 한다.
> 3. 수령 확인이 없는 경우의 처리
>   ① 발신자는 최초 통지 후 24시간 이내에 수령 확인을 받지 못한 경우 추가로 2회에 걸쳐 대체 수단을 통해 통지를 반복해야 한다. 대체 수단은 전화, 문자메시지 또는 계약서에 명시된 다른 통지 방법을 포함한다.
>   ② 추가 통지는 각각 24시간 간격으로 이루어져야 한다.
> 4. 간주 수령 : 발신자가 위 3항의 절차를 모두 이행했음에도 불구하고 수신자로부터 수령 확인을 받지 못한 경우 최초 통지 발신 시점으로부터 72시간이 경과한 시점에 수신자가 해당 통지를 수령한 것으로 간주한다.
> 5. 증명 책임 : 통지의 발신 및 수령에 대한 증명 책임은 발신자에게 있다. 발신자는 통지 발신 및 반복 통지 시도에 대한 기록을 보관해야 한다.

통지 규정은 단순한 형식적 조항이 아니라 계약의 원활한 이행과 분쟁 예방을 위한 중요한 도구다. 잘 설계된 통지 규정은 계약 당사자 간의 의사소통을 원활히 하고, 불필요한 분쟁을 줄여 계약 관계의 안정성을 높이는 데 크게 기여할 수 있다. 그러므로 다음과 같이 실무에서 활용할 수 있는 유용한 정보를 알아두면 통지 기록을 관리하는 데 도움이 된다.

- 통지 이력 관리 : 모든 중요 통지의 발신 및 수신 기록을 체계적으로 관리한다. 통지 관리 대장을 만들어 다음 사항을 기록한다.

  ㉠ 통지 일시

  ㉡ 통지 내용 요약

  ㉢ 발신자/수신자

  ㉣ 사용된 통지 방법

  ㉤ 수령 확인 여부 및 시점

  ㉥ 관련 증빙 문서 보관 위치

- 중요 통지의 다중 전달 : 계약상 명시된 방법 외에도 추가적인 통지 노력을 기울인다. 계약 해지 통지시 다음 단계를 거친다.

  ㉠ 내용증명 우편 발송

  ㉡ 이메일 발송(읽음 확인 요청)

  ㉢ 팩스 전송

  ㉣ 유선으로 통지 사실 안내

  ㉤ 필요시 직접 방문 전달

  ㉥ 각 단계별 이행 내역과 결과를 상세히 기록한 보고서 작성

제4장
표준계약서 검색 및 활용법

표준계약서의 개념과 중요성

계약서를 처음 작성할 때는 '계약서 작성 단계'에서 살펴보았듯 세 가지 질문, 즉 '무엇을' '어떻게' '왜'를 활용한다. 이때 쓸 수 있는 것이 '표준계약서'다. 표준계약서는 공정거래위원회, 관련 협회, 또는 기타 국가기관에서 거래에 사용하도록 만든 표준적인 형태의 계약서를 말한다. 법률은 아니지만 거래 관행과 법적 요구 사항을 반영하여 작성되어 있어 계약을 체결할 때 유용한 기준이 된다. 표준계약서는 공정거래위원회, 산업통상자원부 등 국가기관뿐 아니라 각종 협회나 비영리 법인에서도 제작할 수 있다.

예를 들어 부동산 임대차계약을 체결할 때 공인중개사협회의 표준임대차계약서를 활용하면 임대차계약의 기본적인 사항을 빠뜨리지 않고 작성할 수 있다. 또한 프리랜서 디자이너가 기업과 계약을 체결할 때 산업통상자원부의 디자인 용역 표준계약서를 참고하면 저작권 귀속, 수정 횟수, 대금 지급 조건 등 주요 쟁점을 누락 없이 다룰 수 있다.

표준계약서를 검색할 때는 다음 방법이 도움된다.

먼저 일반 포털보다 구글이나 퍼플렉시티 같은 검색 전문 AI 프로그램에서 검색하면 정확한 결과가 나온다. 검색어는 '내가 원하는 분야 + 표준계약서' 또는 '관련 분야의 정부 부처 + 표준계약서'로 검색하면 정확한 결과를 얻을 수 있다. 단순히 '디자인 표준계약서'를 검색하는 것보다 '산업통상자원부 디자인 표준계약서'를 검색하는 것이 좋다.

그 결과 다양한 표준계약서가 검색되는데, 대표적인 작성 기관으로는 공정거래위원회, 대한상사중재원, 정부 부서, 개별 협회 등이 있다. 최근에 개정된 계약서가 상단에 위치한다. 가장 최신의 것을 사용하는 것이 좋다. 차례로 살펴보자.

공정거래위원회(정보 공개 탭, www.ftc.go.kr) : 주로 공정거래위원회의 업무 관련 표준계약서와 약관을 작성해서 게시하고 있다.
- 표준약관 약 96종 : 온라인게임 표준약관, 자동차운전학원 표준약관
- 표준하도급계약서 약 58종 : 건설위탁 표준하도급계약서, 소프트웨어 표준하도급계약서
- 표준가맹계약서 약 58종 : 편의점업 표준가맹계약서, 교육서비스업 표준가맹계약서
- 기타 : 표준유통거래계약서, 표준대리점거래계약서, 표준비밀유지계약서 등 계속 추가되고 있다.

대한상사중재원(www.kcab.or.kr) : 계약서가 종류별로 분류되어 있으며 국내와 국제 표준계약서를 나누어 게시하고 있다. 작성 가이드라인이라는 항목을 통해 계약서 작성에 도움을 주고 있다. 다만, 계약서가 최신의 형식이라고는 볼 수 없다.

정부 부서 : 산업통상자원부, 국토교통부, 고용노동부, 정보통신산업진흥원 등 각 정부 부서는 표준계약서를 작성하여 자료실에 게시하고 있다.

개별 협회, 재단 등 : 각종 협회나 재단 등에서 표준계약서를 만들고 있다. 한국예술인복지재단의 표준계약서, 한국소프트웨어산업협회의 SW 개발 표준계약서, 한국광고영상제작사협회의 광고업 표준하도급계약서 등이 있다.

[Tip]
- 대한민국에는 협회가 많다!
- 협회에서는 회원들을 위해 표준계약서 제공을 하는 경우가 많다.
  → 해당 관련 협회를 검색해서 협회 홈페이지에서 검색해본다.

나와 직접 관련 있는 쪽 협회를 검색한다!
광고계약을 하는 데 우리 회사가 '광고주'일 때는 광고주와 관련된 협회(한국광고영상제작사협회, 한국광고주협회)를 검색해보고, 우리가 '모델'을 관리하는 경우에는 모델과 관련된 협회(한국모델협회)를 검색해본다. 양쪽의 표준계약서는 아주 다를 수 있다.

    검색해서 표준계약서를 찾았다고 해서 만족하기에는 이르다. 왜냐하면 표준계약서는 작성 주체가 다양하다. 같은 종류의 계약이라도 여러 버전의 표준계약서가 존재할 수 있다. 그러므로 그다음 단계는 다시 표준계약서를 찾아야 한다. 물품 매매계약서를 예로 들면 대한상사중재원의 표준계약서, 중소벤처기업부의 표준계약서, 특정 산업협회의 표준계약서 등 다양한 버전이 있을 수 있다. 각 버전은 해당 기관의 특성과 관점을 반영하고 있어 이들을 비교 검토하면 더 포괄적이고 균형 잡힌 계약서를 작성할 수 있다.
    그리고 표준계약서는 시간이 지남에 따라 개정된다. 법률 변경, 거래 관행의 변화, 새로운 이슈 등장 등으로 표준계약서도 주기적으로 업데이트된다. 따라서 두 개 이상의 표준계약서가 검색되면 작성 일자가 가장 최신인 것을 기준으로 삼아야 한다. 즉 2018년에 작성된 표준계약서와 2023년에 개정된 표준계약서가 있다면 2023년 버전을 주된 참고 자료로 사용해야 한다. 2018년 버전은 그동안의 변화를 반영하지 못했을 가능성이 높기 때문이다. 하지만 이전 버전을 완전히 무시할 필요는 없다. 오히려 이전 버전과 최신 버전을 비교해보면 어떤 부분이 왜 변경되었는지 파악할 수 있어 계약의 핵심 쟁점을 이해하는 데 도움이 된다.

표준계약서 활용 4단계

앞에서 찾은 표준계약서는 유불리 검토, 법률 검토, 수정, 재검토 4단계로 검토 및 수정 절차를 거친다.

1단계 : 유불리 검토

- 빨간 펜, 노란 펜, 파란 펜을 준비한다.[6]
- 자신이 표준계약서상의 '갑'인지 '을'인지를 확실히 한다.
- 자신이 '갑'이라면 표준계약서에서 '갑'에게 의무를 부과하는 조항에는 '빨간색', '을'에게 의무를 부과하는 조항에는 '파란색', '갑', '을' 모두에게 적용되는 조항에는 '노란색'으로 표시한다.
- 유불리를 판단할 수 없거나 이해가 안 되는 조항에는 '?' 표시를 한다!

---

6 이하 색을 구분할 때 빨간색은 점선(----), 파란색은 실선(------), 노란색은 물결선(~~~~)으로 구분하여 밑줄로 표시한다.

[예시] IT 아웃소싱 계약서를 검토할 때

빨간색(갑의 의무) : '갑은 을에게 업무 수행에 필요한 모든 정보와 자료를 제공한다.'

파란색(을의 의무) : '을은 월 1회 이상 정기적으로 업무 수행 결과를 갑에게 보고한다.'

노란색(공통 적용) : '양 당사자는 본 계약과 관련하여 취득한 상대방의 기밀 정보를 계약 종료 후 3년간 유지한다.'

유불리 검토의 자세한 방법에 대해서는 '계약서의 독소 조항 찾아내기'에서 자세하게 다룰 것이다.

2단계 : 법률 검토

여기서 계약서와 관련한 법률을 검토한다. 대부분 표준계약서는 관련되는 법률을 표시하는 가이드라인을 가지고 있다.

- 관련 법률을 파악했으면 법제처 홈페이지(www.law.go.kr)에서 관련 법률을 검색하여 일독한다.
- 해당법의 적용 대상에 우리 회사도 포함되는지 판단한다.

대규모유통업법은 모든 기업에 적용되는 것이 아니다. 법 제2조에 따르면 이 법은 직전 사업 연도의 소매업종 매출액이 1000억 원 이상이거나 매장 면적의 합계가 3000제곱미터 이상인 대규모 유통

온라인쇼핑몰 표준거래계약서(직매입거래)

공정거래위원회

이 표준거래계약서의 제정 목적은 온라인쇼핑몰과 납품업자가 공정한 계약조건에 따라 상품의 납품거래계약을 체결하도록 하기 위한 표준적 계약조건을 제시함에 있습니다.

이 표준거래계약서에서는 온라인쇼핑몰과 납품업자 사이의 상품 직매입 거래에 있어서 표준이 될 계약의 기본적 공통사항만을 제시하였습니다. 따라서 실제 계약을 체결하려는 계약당사자는 이 표준거래계약서의 기본 틀과 내용을 유지하는 범위에서 이 표준거래계약서보다 더 상세한 사항을 계약서에 규정하거나 특약으로 달리 약정할 수 있습니다.

또한 이 표준거래계약서의 일부 내용은 현행 「대규모유통업에서의 거래 공정화에 관한 법률」 및 그 시행령을 기준으로 한 것이므로 계약당사자는 이들 법령이 개정되는 경우에는 개정내용에 맞도록 기존의 계약을 수정 또는 변경할 수 있으며 특히 개정법령에 강행규정이 추가되는 경우에는 반드시 그 개정규정에 따라 계약내용을 수정하여야 합니다.

온라인쇼핑몰 표준거래계약서는
"대규모 유통업에서의 거래 공정화에 관한 법률(대규모유통업법)"과 관련된다.

업자에게 적용된다. 따라서 우리 회사가 이 기준에 해당하는지 확인해야 한다. 예를 들어 연 매출 800억 원의 중소 온라인쇼핑몰이라면 이 법의 직접적인 적용 대상은 아니다. 하지만 거래 상대방이 대규모 유통업자라면 그들과의 관계에서 이 법의 영향을 받게 된다.

- 적용 대상에 해당한다면 반드시 '법률 범위 내에서' 수정해야 한다.
  - ㉠ 상품 대금 지급 기한 : 법 제8조에 따라 상품 수령일로부터 40일 이내에 대금을 지급해야 한다.
  - ㉡ 판매 촉진 행사 : 법 제11조에 따라 납품업자에게 판매 촉진 행사 참여를 강요할 수 없으며 비용 분담은 서면 약정에 따라야 한다.
  - ㉢ 반품 제한 : 법 제10조에 따라 정당한 사유 없는 반품은 금지된다. 계약서에 반품 조건을 명시할 때 이를 고려해야 한다.

3단계 : 수정

표준계약서를 자사의 상황에 맞게 수정하는 것은 계약 체결 과정에서 매우 중요한 단계다. 이 과정에서 내가 '갑'의 입장에 있다고 가정하고 수정을 진행해보자.

- '빨간색'으로 표시된 부분을 법률의 범위 내에서 수정한다.

빨간색으로 표시된 부분은 '갑'의 의무를 나타낸다. 이때 수정 원칙은 완전 삭제보다는 부분 삭제를 하고, 부분 삭제보다는 문구 수정을 한다. 이를테면 다음 예와 같이 '모든' 불만 사항을 '중대한' 불만 사항으로 한정하고, 통지 기한을 연장했다. 또한 해결책 제시 의무를 양측 협의 사항으로 변경하여 갑의 부담을 줄였다.

> 원문 : "갑은 을의 상품에 대한 모든 고객 불만 사항을 24시간 이내에 을에게 통지하고 해결책을 제시해야 한다."
> 수정 : "갑은 을의 상품에 대한 중대한 고객 불만 사항을 3영업일 이내에 을에게 통지한다. 해결책은 양측이 협의하여 결정한다."

- '파란색'으로 표시된 부분을 법률 범위 내에서 보완한다.

파란색으로 표시된 부분은 '을'의 의무를 나타낸다. 이 부분은 법률 범위 내에서 보완하여 더 구체적이고 명확하게 만든다. 이때 수정 원칙은 두리뭉실한 규정을 구체화하고, 의무 위반에 대한 '을'의 책임을 명확히 한다. 이렇게 수정하면 의무의 기준을 명확히 하고 위반시 책임을 구체화할 수 있다.

> 원문 : "을은 상품의 품질을 유지해야 한다."
> 수정 : "을은 상품의 품질을 [업계 표준] 이상으로 유지해야 하며 이를 위반할 경우 계약 금액의 20%에 해당하는 위약금을 갑에게 지급해야 한다."

- '노란색'으로 표시된 부분을 유지할 것인지 결정한다.

노란색으로 표시된 부분은 양 당사자에게 공통으로 적용되는 조항이다. 이 부분은 유지할지 여부를 신중히 결정한다. 이때의 수정 원칙은 공정성을 해치지 않는 범위 내에서 검토하고 불필요하거나 중복되는 내용은 제거한다.

> 원문 : "양 당사자는 본 계약의 내용을 제3자에게 공개해서는 안 된다."
> 판단 : 이 조항은 양측에 공평하게 적용되며 계약의 기밀성을 보장하므로 유지한다.

4단계 : 재검토

계약서 수정 작업을 마친 후에는 반드시 재검토 과정을 거쳐야 한다. 이 단계는 수정된 계약서의 전체적인 균형과 공정성을 확인하는 중요한 절차다.

- 색상 재표시 : 수정된 계약서를 처음부터 끝까지 다시 읽으면서 각 조항을 빨간색, 파란색, 노란색으로 표시한다.
- 균형성 검토 : 빨간색과 파란색으로 표시된 조항들의 균형을 검토한다. 이때 단순히 조항의 수를 비교하는 것이 아니라 각 조항의 중요도와 부담의 정도를 종합적으로 고려해야 한다.
  - ㉠ 균형이 심하게 무너진 경우 : 예를 들어 '을'의 의무 조항(파란색)이 20개인 데 반해 '갑'의 의무 조항(빨간색)이 5개밖에 없다면 이는 균형이 무너진 것으로 볼 수 있다.

ⓒ 계약의 균형이 지나치게 한쪽으로 기울어져 있는 경우 : 추후 분쟁 발생 시 법원이나 중재기관에서 불공정계약으로 해석할 수 있다. 이는 우리 회사에 불리하게 작용할 수 있다.
- 최소한의 균형성 유지 방법
　　㉠ 을에게 중요한 의무를 부과했다면 그에 상응하는 '갑'의 의무도 추가한다. 예를 들어 '을'의 '납품 기한 엄수' 의무에 대응하여 '갑'의 '대금 지급 기한 준수' 의무를 명시한다.
　　ⓒ 한쪽에만 과도한 책임을 지우지 않도록 한다. 예를 들어 계약 해지 조항에서 양측 모두에게 정당한 사유가 있는 경우 해지할 수 있는 권리를 부여한다.
　　ⓒ 한쪽에만 특정 권리를 부여하지 않는다. 예를 들어 계약갱신 요청 권리는 양측 모두에게 부여한다.

[Tip] 법률 범위를 벗어나는 규정 처리

계약을 체결할 때 때로는 법률 범위를 벗어나는 규정을 꼭 넣고 싶은 경우가 있다. 이런 상황에서는 다음과 같은 전략적 접근이 필요하다.

처벌 규정 확인 : 우선 해당 규정을 계약서에 명시했을 때 법적으로 처벌받는지 여부를 확인한다.

처벌 규정이 없는 경우 : 처벌 규정이 없다면 나중에 법정에서 효력이 부인될 수 있지만 일단 계약서에 넣는다.

처벌 규정이 있는 경우 : 처벌 규정이 있다면 해당 규정을 계약서에 포함시키는 것은 위험하다. 이 경우 다음과 같은 대안을 고려할 수 있다.

- 규정 포기 : 해당 규정을 포기하고 대신 다른 방면에서 이익을 확보할 수 있는 조항을 추가한다.
- 대체 조항 마련 : 유사한 효과를 낼 수 있는, 그러나 법적으로 문제가 없는 대체 조항을 고안한다.
- 추가 이득 확보 : 다른 부분에서 회사에 유리한 조항을 추가하여 전체적인 계약 이익의 균형을 맞춘다.

표준계약서를 만들 때 AI를 활용할 경우 여러 번 질문하여 만족한 답을 얻을 수 있도록 한다.

명령

첨부한 파일은 A 회사와 B 회사가 작성한 계약서 초안과 관련된 표준계약서, 관련 법령입니다.

표준계약서를 참조하여 A와 B 회사 간의 계약서 초안에서 수정해야 할 내용을 찾아주세요.

A 회사 입장에서 유리하게 수정하되, 법령에 저촉되지 않게 만들어주세요.

이때 관련 법령이 있다면 해당 법령을 AI에 함께 입력한다.

제5장

계약서의
독소 조항 찾아내기

계약서 검토

계약서 검토 어떻게 시작해야 할까? 계약서 작성법 검토 순서에 따라 독소 조항을 찾아내는 방법을 살펴본다. 계약서 검토는 크게 '무엇을' '어떻게' '왜' 세 가지 질문에 대응하여 진행한다. 이는 각각 유불리 검토, 법률 검토, 경영상 검토에 해당한다. 이 방법은 표준 계약서 검토 방식과 유사하며 새로운 계약서 검토에도 효과적으로 적용할 수 있다.

유불리 검토

첫번째 단계인 유불리 검토는 표준계약서 유불리 검토와 같다.

- 빨간 펜, 노란 펜, 파란 펜을 준비한다!
- 자신이 계약서상의 '갑'인지 '을'인지를 확실히 한다.
- 자신이 '갑'이라면 계약서에서 '갑'에게 의무를 부과하는 조항에는 '빨간색', '을'에게 의무를 부과하는 조항에는 '파란색', '갑', '을' 모두에게 적용되는 조항에는 '노란색'으로 표시한다.
- 유불리를 판단할 수 없거나 이해가 안 가는 조항에는 '?' 표시를 한다!

다음 유형을 참고하여 실무에서 유불리를 판단한다.

[유형 1] 조문별로 갑과 을의 의무가 분리되어 있는 경우

> **제3조**(갑의 물품 공급)
> **제4조**(을의 대금 지급)

→ 조문의 제목에 위와 같이 표시한다.

[유형 2] 한 조문 안에 갑과 을의 의무가 섞여 있는 경우

> **제3조**(물품 공급과 대금 지급)
> ① 갑은 매월 1일까지 물품을 을의 창고로 공급한다.
> ② 을은 물건을 검수하여 입고한다.
> ③ 을은 매월 말까지 판매량을 갑에게 통지한다.

> ④ 갑은 다음달 10일까지 세금계산서를 발행한다.
>
> ⑤ 을은 다음달 15일까지 세금계산서상의 금액을 갑에게 입금한다.

→ 각 조항별로 갑과 을의 의무를 나누어 표시한다.

[유형 3] 한 문장 안에 갑과 을의 의무가 섞여 있는 경우

> 갑이 다음달 10일까지 세금계산서를 발행하면 을은 15일까지 세금계산서상의 금액을 갑에게 입금해야 한다.

→ 한 문장에서 갑과 을의 의무를 나누어 표시한다.

[유형 4] 상대편의 의무 조항에서 이행 기한이 정해져 있는 경우

> 을은 다음달 15일까지 갑에게 물품 대금을 지급한다.

→ 이행 기한 자체는 상대편에게 유리한 부분, 즉 나에게 불리한 부분이 된다.

[유형 5] 책임이 빠진 경우 'If not?' 체크 방법

> ⑥ 을은 다음달 15일까지 갑에게 물품 대금을 지급한다.

→ 지급하지 않았을 경우의 구체적 책임에 관한 규정이 없다.

→ [유형 5] 검토법 : 실선으로 표시한 모든 파란색 부분! 즉 상대편의 의무 부분에 'If not?', 즉 이행하지 않으면?이라는 물음을 붙여본다. 계약서에 답이 있으면 다음과 같이 표시해둔다.

> 제3조(대금지급) if not
>
> 제6조 제2항(손해배상)

[유형 6] 정의 체크!

> ⑥ 을은 다음달 15일까지 갑에게 물품 대금을 지급한다.

→ 물품 대금이 무엇인지 어떤 기준으로 정하는지가 없다.

→ 두리뭉실하면 못 받는다. 내가 받아야 할 것은 단어 하나하나 명확하게 정의 규정을 두어야 한다.

> 제2조(정의)
>
> 본 계약에서 사용되는 용어의 정의는 다음과 같다.
>
> 1. '물품'이란 별지1에 기재된 규격의 제품을 의미한다.
> 2. '물품 대금'이란 물품의 개당 가격에 주문 수량을 곱한 금액에 부가가치세를 더한 금액을 의미한다.
>
> 제5조(대금 지급)
>
> ⑥ 을은 갑으로부터 물품을 수령한 날로부터 15일 이내에 갑에게 물품 대금을 지급한다. 물품 대금의 산정은 제2조의 정의에 따른다.

'계약서 작성 만능 3단 포맷'을 기억해보자. 계약서는 크게 세 부분으로 나뉜다!

머리 : 제목에서 정의까지

몸통 : 권리 의무 → 계약서의 핵심

꼬리 : 마무리 → 모든 계약에 공통되는 일반적 규정 모음

머리, 몸통, 꼬리의 3단 포맷 중 [유형 4], [유형 5], [유형 6]까지 가도록 상세하게 유불리를 검토해야 하는 부분은 주로 '몸통'이다.

법률 검토

법률 검토는 법률 저촉 여부 심토이기도 하다. 이는 해당 계약이 관련 법률에 저촉되는지를 확인하는 중요한 과정이다. 표준계약서와 달리 개별계약서의 경우 적용되는 법률을 직접 찾아야 하는 경우가 많다. 이 과정은 계약의 적법성을 보장하고 향후 발생할 수 있는 법적 분쟁을 예방하는 데 핵심 역할을 한다.

관련 법률을 찾기 위해서는 '업종', '물품', '업무 형태'를 기준으로 하는 3단계 접근법을 활용할 수 있다.

먼저 해당 '업종'을 규율하는 법률을 찾는다. 건설계약이라면 건설업법, 의료계약이라면 의료법을 찾는다. 이때 업종에 따라 여러 법률이 중첩 적용될 수 있으므로 관련 법률을 포괄적으로 검토해야 하고, 업종 특성에 따라 특별법이 존재할 수 있으므로 이를 확인해야 한다.

둘째, 해당 '물품'을 규율하는 법률을 찾는다. 계약의 대상이 되는 물품을 규율하는 특정 법률이 있는지 확인한다. 이는 특히 규제

가 엄격한 산업 분야에서 중요하다. 의료기기라면 의료기기법, 약품이라면 약사법을 확인한다. 다만, 물품의 제조, 유통, 판매 등 각 단계별로 적용되는 법률이 다를 수 있으므로 계약의 성격을 정확히 파악해야 하고, 수출입 물품의 경우 관세법 등 추가적인 법률 검토가 필요할 수 있다.

셋째, 해당 '업무 형태'를 규율하는 법률을 찾는다. 계약의 구체적인 업무 형태나 거래 구조를 규율하는 법률을 확인한다. 이는 특정 비즈니스 모델이나 거래 관계에 적용되는 법률을 찾는 과정이다. 예를 들어 하도급 형태라면 하도급거래 공정화에 관한 법률, 프랜차이즈 형태라면 가맹사업거래의 공정화에 관한 법률, 쇼핑몰 형태라면 대규모 유통업에서의 거래 공정화에 관한 법률을 확인한다. 이때 주의할 점은 업무 형태에 따라 특수한 규제가 적용될 수 있으므로 관련 법률의 세부 조항을 꼼꼼히 검토해야 한다. 그리고 같은 업종이라도 업무 형태에 따라 적용되는 법률이 달라질 수 있으므로 주의가 필요하다.

'업종' '물품' '업무 형태'에 관련된 법률을 찾은 후 각 법률에 대한 계약 조항의 저촉 여부를 검토하는 작업은 계약 검토 과정 중 가장 어렵고 확신이 서지 않는 단계다. 이는 법률 전문가인 변호사들도 마찬가지로 완벽히 검토했다고 확신하기 어려운 영역이다.

법률 저촉 여부 검토 결과에 따른 대응 전략은 해당 조항이 다음과 같이 자신에게 유리한지, 불리한지에 따라 달라진다.

첫째, <u>빨간색</u>, 즉 불리한 조항이 법률에 저촉될 경우

[유형 1] 확실한 법률 저촉

법률에 확실하게 저촉되어 굳이 삭제하지 않더라도 무효인 조항일 경우

대응 : 삭제를 요청하거나 그대로 두어도 무방하다.

이유 : 해당 조항은 법적으로 무효이므로 계약서에 남아 있더라도 실질적인 효력이 없다.

제7조(근로시간)

갑은 을의 동의 없이 1일 12시간 이상의 근로를 요구할 수 있다.

→ 이는 근로기준법에 명백히 위배되는 조항으로 삭제를 요청하거나 그대로 두어도 무효다.

[유형 2] 불확실한 법률 저촉

조항이 법률에 저촉되는지가 불분명한 경우

대응 : 반드시 수정하여 확실히 저촉되지 않도록 한다.

이유 : 법적 분쟁 발생시 불리하게 작용할 수 있으므로 명확성을 높이는 것이 중요하다.

제8조(손해배상)

을의 귀책 사유로 계약이 해지될 경우 을은 갑에게 총계약 금액의 50%를 배상해야 한다.

→ 이는 과도한 손해배상 약정으로 해석될 여지가 있다.

다음과 같이 수정할 수 있다.

제8조(손해배상)

을의 귀책 사유로 계약이 해지될 경우 을은 갑에게 실제 발생한 손해를 배상해야 한다. 단, 배상액은 총계약 금액의 30%를 초과할 수 없다.

둘째, <u>파란색, 즉 유리한 조항이 법률에 저촉될 경우</u>

[유형 1] 확실한 법률 저촉

법률에 확실하게 저촉되어 굳이 삭제하지 않더라도 무효인 조항일 경우

대응 : 삭제를 요청하고 대체 조항을 제안한다.

이유 : 무효인 조항으로는 자신의 이익을 보호할 수 없으므로 적법한 범위 내에서 유사한 효과를 낼 수 있는 대체 조항이 필요하다.

제9조(경업 금지)

을은 본 계약 종료 후 30년간 갑과 동종의 영업을 할 수 없다.

→ 이는 과도한 경업 금지기간으로 무효라고 판단된다.

다음과 같이 대체 조항을 제안할 수 있다.

> **제9조**(경업 금지)
>
> 을은 본 계약 종료 후 2년간 갑의 주요 거래처와 직접적인 거래를 하지 않는다. 단, 갑은 을에게 이에 대한 적절한 보상을 제공한다.

[유형 2] 불확실한 법률 저촉

조항이 법률에 저촉되는지가 불분명한 경우

대응 : 반드시 수정하여 확실히 저촉되지 않도록 한다.

이유 : 법적 분쟁 발생시 해당 조항이 무효가 될 리스크를 제거하고 자신에게 유리한 조항의 효력을 확실히 보장받기 위해서다.

> **제12조**(직무 발명)
>
> ① 을이 직무 수행중 개발한 모든 발명은 갑에게 귀속된다.
> ② 을은 직무 발명에 대한 특허를 받을 수 있는 권리를 갑에게 양도하며 이에 대한 별도의 보상은 없는 것으로 한다.

→ 이 조항은 발명진흥법상 문제의 소지가 있다. 직무 발명의 범위가 너무 광범위하게 정의되어 있고 직무 발명에 대한 보상 규정이 없어 발명진흥법 제15조(직무 발명에 대한 보상)에 위배될 수 있다. 또한 특허를 받을 권리의 양도 절차가 명확하지 않다. 그러나 회사의 규모, 업종, 구체적인 적용 방식 등에 따라 법 위반 여부가 달라질 수 있어 법률 저촉 여부가 불확실하다.

> **제12조**(직무 발명)
>
> ① 본 조항에서 '직무 발명'이란 을이 직무에 관하여 발명한 것이 성질상 갑의 업무 범위에 속하고 그 발명을 하게 된 행위가 을의 현재 또는 과거의 직무에 속하는 발명을 말한다.
>
> ② 을은 직무 발명을 완성한 경우 지체 없이 서면으로 갑에게 통지해야 한다.
>
> ③ 갑은 을로부터 통지받은 직무 발명에 대해 4개월 이내에 승계 여부를 결정하여 을에게 통지해야 한다. 갑이 승계하기로 결정한 경우 을은 해당 직무 발명에 대한 특허를 받을 수 있는 권리를 갑에게 양도한다.
>
> ④ 갑은 승계한 직무 발명에 대해 을에게 정당한 보상을 해야 한다. 보상액은 직무 발명의 경제적 가치와 갑의 공헌도 등을 고려하여 산정하며 구체적인 보상 기준은 별도의 직무 발명 보상 규정에 따른다.
>
> ⑤ 을은 직무 발명에 대한 특허 출원 및 특허권 취득에 협력할 의무가 있다.

법률 검토시 다음을 주의해야 한다.

최신 법령 확인 : 법률은 수시로 개정될 수 있으므로 항상 최신 버전의 법령을 참고해야 한다.

하위 법령 검토 : 시행령, 시행 규칙, 고시 등 하위 법령도 함께 검토해야 한다.

관련 판례 확인 : 법률의 해석에 관한 중요한 판례가 있다면 이를 참고해야 한다.

전문가 자문 : 복잡한 법률 문제의 경우 해당 분야 전문 변호사의 자문을 받는 것이 안전하다.

경영상 검토

불리한 조항 수정을 위한 전략이다. 계약 협상에서 '을'의 입장에 있는 당사자가 직면하는 가장 큰 문제는 '불리한 조항을 알아도 수정을 요구하기 어렵다'는 점이다. 이는 갑을 관계의 힘의 불균형에서 비롯되는 문제로 많은 기업이 겪는 고충이다. 그러나 적절한 전략을 활용하면 이러한 상황에서도 계약 조건을 개선할 수 있다.

계약 수정을 위한 세 가지 핵심 전략은 다음과 같다.

전략 1 : 불합리한 사항 최대한 발굴하기

계약서 수정 과정은 물건값을 깎는 흥정과 유사하다. 물건의 흠집을 많이 찾아내야 유리한 것처럼 계약의 흠결을 많이 발견할수록 협상에 유리하다. 다만, 합리적이고 객관적인 문제점을 찾아야 하는데, 단순한 트집잡기로 보이면 상대방이 계약 자체를 거부할 수 있다.

> 원문 : "갑은 을에게 7일 전 통지로 본 계약을 해지할 수 있다."
> 수정 : "양 당사자는 상대방의 중대한 계약 위반시 30일 전 서면 통지로 본 계약을 해지할 수 있다. 단, 위반 당사자가 해당 기간 내 위반 사항을 시정한 경우 해지 효력은 발생하지 않는다."
>
> 원문 지적 사항
> - 해지 사유가 명시되어 있지 않아 남용의 여지가 있다.

- 통지기간이 짧아 을이 대응할 시간이 충분하지 않다.

- 을의 해지권에 대한 규정이 없어 형평성에 어긋난다.

전략 2 : 호가호위 전법 - 전문가 의견서 활용하기

트집잡기가 아닌 합리적인 문제 제기임을 보여주기 위해 전문가의 의견을 활용한다. 그러려면 변호사나 법률사무소의 이름이 기재된 공식 의견서를 준비하거나 의견서를 첨부하여 다음과 같이 수정을 요청한다.

> "첨부된 로펌고우 법률사무소 의견서에 따르면 제7조의 비밀 유지 의무 조항은 그 범위가 지나치게 광범위하여 근로자의 직업 선택의 자유를 과도하게 제한할 수 있다는 의견입니다. 따라서 이에 따라 비밀 유지 대상 정보의 범위를 구체화하고 의무기간을 합리적인 수준으로 조정할 것을 제안드립니다."

전략 3 : 블러핑 뻥카 전법 - 전략적 문제 제기

실제로 수정하고 싶은 조항 대신 다른 조항에 문제를 제기하는 전략이다. (나에게 유리한) 파란색 A, B 조항 중 A를 지키기 위해 전략상 B 조항에 문제를 제기한다. 고도의 전략으로 상대방이 A와 B 중 어느 것에 더 의미를 두고 있는지 파악한다.

하지만 상대방도 같은 전략을 사용할 수 있음을 인지하고 주의해야 한다. 역으로 상대방도 빨간색 C, D 조항 중 C 조항을 유지하기 위해 D 조항을 고집할 수도 있다. 또한 C 조항을 살리기 위해

애초에 필요도 없는 D 조항을 넣고 흥정하는 경우는 거래계에서 매우 흔하다.

예를 들어 실제 목표가 제10조(지식재산권 귀속) 수정이라면 다음과 같이 전략적으로 접근한다. 이를 통해 실제 목표인 제10조의 수정 가능성을 높일 수 있다.

> **제10조**(지식재산권귀속)를 수정하고 싶을 경우
> 1. 제10조에는 문제를 제기하지 않는다.
> 2. 대신 제12조(경업 금지)에 대해 "경업 금지기간이 너무 길어 헌법상 직업 선택의 자유를 침해할 소지가 있습니다"라고 강하게 문제를 제기한다.
> 3. 상대방이 제12조 수정을 받아들이면 "제12조를 수정해주신다면 저희도 양보하여 제10조는 원안대로 가겠습니다"라고 제안한다.

계약 협상은 단순히 법률적 지식만으로는 충분하지 않다. 상황을 전략적으로 분석하고 다양한 협상 기법을 활용하는 능력이 필요하다. 앞의 세 가지 핵심 전략을 적절히 조합하여 사용하면 불리한 입장에서도 계약 조건을 개선할 수 있는 기회를 만들 수 있다. 단, 이러한 전략은 신중하게 사용해야 하며 궁극적으로는 양측에게 공정하고 지속 가능한 계약을 만드는 것이 목표임을 잊지 말아야 한다.

실전 사례
갑의 입장에서 검토하고 문제점 세 가지 이상 찾아내기

> **제5조**(대금 지급)
>
> 을은 매월 15일까지 대금을 지급한다.

유불리 판단

문제점 1 : '15일까지'라는 기한이 적절한가?

문제점 2 : if not? 지급하지 않을 경우의 벌칙이 없다.

문제점 3 : 두리뭉실하면 못 받는다. '대금'이 얼마인지 정의 규정이 없다.

[수정]

> **제2조**(정의)
>
> ③ 대금 : 대금이라 함은 을이 갑에게 물품의 판매 대가로 지급하는 '현금'을 뜻한다.

→ 대금을 '현금'으로 확실하게 정의해놓으면 나중에 물품으로 지급한다는 소리를 할 수 없다!

> **제5조**(대금의 확정 및 지급)
>
> ① 을은 매월 말일까지 그달에 판매된 상품의 수량을 갑에게 통지한다.
>
> ② 갑은 위 수량을 확인한 후 다음달 10일까지 을에게 세금계산서를 발행한다.
>
> ③ 을은 매월 15일까지 위 세금계산서에 따른 대금을 갑이 지정하는 다음 계좌로 계좌 이체하여 지급한다.
>
> [신한은행 ○○-○○○○○-○○ 예금주 △△주식회사]

→ 대금을 어떻게 정하는지 확정해놓으면 나중에 이를 둘러싼 분쟁을 예방할 수 있다.

> **제7조**(손해배상)
> ① 을이 제5조 제1항의 대금을 지체한 경우 지체한 금액에 대하여 연 20%의 비율에 따른 지연이자를 지체 일수로 계산하여 지급하여야 한다.

→ 의무를 불이행했을 때의 책임을 분명하게 해놓아야 의무의 불이행을 방지할 수 있다!

[최종 수정본]

> **제2조**(정의)
> ③ 대금 : 대금이라 함은 을이 갑에게 물품의 판매 대가로 지급하는 '현금'을 뜻한다.
>
> **제5조**(대금의 확정 및 지급)
> ① 을은 매월 말일까지 판매된 상품의 수량을 갑에게 통지한다.
> ② 갑은 위 수량을 확인한 후 다음달 10일까지 을에게 세금계산서를 발행한다.
> ③ 을은 매월 15일까지 위 세금계산서에 따른 대금을 갑이 지정하는 다음 계좌로 계좌 이체하여 지급한다.
>   [신한은행 ○○-○○○○○-○○ 예금주 △△주식회사]
>
> **제7조**(손해배상)
> ① 을이 제5조 제1항의 대금을 지체한 경우 지체한 금액에 대하여 연 20%의 비율에 따른 지연이자를 지체 일수로 계산해 지급해야 한다.

제6장
완성된 계약서 검토를 위한 AI 활용 프롬프트

AI 프롬프트를 통해 나온 결과물은 결국 전문가가 검증해야 한다. 앞서 계약서의 핵심 내용과 검토 방법을 설명했다. 이를 바탕으로 AI가 제시한 결과물을 검토하면 된다.

다음은 완성된 계약서를 검토하는 AI의 프롬프트의 예시다. 실제로 업무에 활용하는 것을 모아보았다.

종합형

명령

[**계약서 제목/유형**]을 검토해주세요. 이 계약서는 [**계약 목적/상황**]과 관련된 내용입니다.

검토시 다음 항목들을 중점적으로 살펴봐주시기 바랍니다.

1. 핵심 조항 요약 및 설명
2. 권리와 의무 분석(각 당사자별)
3. 잠재적 위험이나 불리한 조항 식별
4. 모호하거나 불명확한 표현/조항
5. 누락된 중요 조항이나 보호 장치
6. 계약기간, 갱신, 종료 조건의 적절성
7. 보증, 배상, 책임 제한 조항 검토
8. 준거법 및 분쟁 해결 절차 검토
9. 대금 지급 조건 및 일정 검토
10. 기밀 유지 및 개인 정보 관련 조항 검토

특히 [**특별히 우려되는 부분 또는 관심사**]에 대해 자세한 분석을 부탁드립니다.

검토 결과는 다음 형식으로 제공해주세요.

1. 종합 평가
2. 주요 발견 사항(긍정적/부정적)

3. 수정/협상 권고 사항

4. 추가 질문/고려 사항

AI 프롬프트를 사용할 때는 진하게 강조 표시되어 있는 대괄호 ([ ]) 안의 내용을 실제 계약 상황에 맞게 변경하면 된다. 계약서의 종류(고용, 임대, 판매, 서비스 등)와 특별히 주의가 필요한 부분을 구체적으로 명시하면 더 맞춤화된 검토를 받을 수 있다.

또한 필요에 따라 특정 산업이나 계약 유형에 맞게 프롬프트를 조정할 수 있다. 예를 들어 IT 서비스계약이라면 지적재산권, SLA(서비스 수준 계약), 데이터 보안 등에 대한 검토 항목을 추가하는 것이 좋다.

명령

법률 전문가의 계약서 심층 분석 요청

1. 계약 기본 정보

- 계약명 : **[계약서 제목]**

- 계약 당사자 : **[당사자 A]** 및 **[당사자 B]**

- 계약 목적 : **[간략한 설명]**

- 계약기간 : **[시작일]**부터 **[종료일]**까지

- 산업/분야 : **[관련 산업 또는 비즈니스 분야]**

2. 분석 요청 범위

- 법적 구조 및 형식 평가

- 계약서의 법적 구조가 적절한지 평가
  - 필수 법적 요소들의 포함 여부 확인
  - 법률 용어의 정확성 및 일관성 검토
- 조항별 심층 분석
  - 정의 조항 : 핵심 용어의 정의가 명확하고 적절한지
  - 의무 조항 : 각 당사자의 의무가 균형 있게 설정되었는지
  - 대금 지급 : 지급 조건, 방법, 일정의 명확성과 실행 가능성
  - 지적재산권 : IP 소유권, 라이선스, 사용 제한의 명확성
  - 기밀 유지 : 범위, 기간, 예외 사항의 적절성
  - 계약 종료 : 종료 조건, 통지기간, 종료 후 의무의 합리성
  - 분쟁 해결 : 절차의 명확성 및 실효성
  - 불가항력 : 범위와 영향의 적절한 정의
- 위험 평가 및 보호 장치
  - 책임 제한 조항의 적절성 및 효력
  - 배상 조항의 범위와 균형
  - 보증 및 면책 조항의 효과
  - 계약 위반시 구제 수단의 적절성
  - 규제 및 법규 준수 관련 보호 장치
- 전략적 권고
  - 협상 가능한 조항 식별 및 대안 제시
  - 잠재적 법적 리스크 경감 방안
  - 업계 표준 대비 계약 조건의 경쟁력 평가

3. 요청 형식

"분석은 '발견 사항-영향-권고' 형식으로 각 주요 조항별로 구성해주시기 바랍니다. 특히 **[특별 관심 분야 또는 우려 사항]**에 중점을 두고 산업 특성을 고려한 실질적 조언을 요청드립니다."

4. 추가 콘텍스트

[관련 규제 환경, 이전 거래 관계, 비즈니스 목표 등 추가 정보]

→ 진하게 강조 표시되어 있는 부분은 직접 입력하면 된다.

명령

첨부한 계약서의 핵심 위험을 분석해주세요. 우리는 **[갑/을]**의 입장입니다.

1. 최대 위험 식별

- 우리에게 가장 위험한 Top 3 조항 식별
- 각 조항이 현실에서 어떤 문제를 일으킬 수 있는지 구체적 시나리오 제시
- 각 조항별 간결한 수정안 제시

2. 법적 책임 평가

- 과도한 책임 부담 조항 식별
- 손해배상/위약금 조항의 공정성 평가
- 면책/책임 제한 조항의 균형성 평가

3. 계약 종료 리스크

- 일방적 해지 가능성 평가
- 계약 종료시 회수 불가능한 투자/비용 식별

- 종료 후 의무/책임 지속 여부 확인

모든 위험은 발생 가능성과 영향도를 고려하여 중요도 순으로 정리해주세요. 만약 협상력이 약하다면 반드시 관철해야 할 '최소 수정 요구안'도 제시해주세요.

명령

첨부한 계약서의 구조와 필수 조항을 다음 기준으로 검토해주세요

1. 머리 부분

- 제목, 당사자 정보, 목적 조항, 정의 조항의 적절성 평가
- 개선이 필요한 부분 지적

2. 몸통 부분

- 핵심 권리·의무 규정의 명확성, 구체성, 균형성 평가
- 주요 의무 이행 조건, 방법, 시기의 명확성 평가
- 개선이 필요한 부분 지적

3. 꼬리 부분

- 다음 필수 공통 규정의 포함 여부 확인(계약기간/갱신, 해제·해지, 손해배상, 불가항력, 분쟁 해결, 기밀 유지, 완전 합의, 일부 무효)
- 누락된 중요 조항 지적 및 간결한 추가안 제시

4. 핵심사항

우리 입장에서 보완이 가장 시급한 순서대로 세 가지 핵심 사항을 제시해주세요.

단순형

명령
1. 첨부한 계약서에서 우리는 ○○○주식회사입니다.
2. 우리의 입장에서 최적의 계약서를 검토할 수 있는 프롬프트를 만들어주세요.
3. 위 프롬프트에 따라 우리의 입장에서 계약서를 검토해주세요.

명령
1. 애매하거나 해석이 달라질 수 있는 조항을 찾아주세요.
2. 해당 조항이 우리에게 불리하게 해석될 수 있는 위험을 찾아주세요.
3. 해당 조항이 수정되어야 할 이유와 그에 대한 수정안을 제시해주세요.
4. 해당 조항의 중요도를 표시해주세요.

명령
1. 우리는 이른바 '을'의 입장에 있어 협상력이 약합니다.
2. 우리의 입장에서 불리한 조항을 찾고 중요도 순으로 평가해주세요.
3. 위 조항이 계약서에 들어갈 경우 우리에게 불리해질 수 있는 시나리오를 알려주세요.

명령
1. 첨부한 계약서가 그대로 이행되었을 때 우리에게 불리하게 진행될 수 있는

시나리오를 알려주세요.

2. 만약에 계약 조항을 하나밖에 수정할 수 없다면 꼭 수정해야 하는 조항을 제시해주고 그 이유를 설명해주세요.

명령

1. 우리는 계약 당사자 중 '갑'입니다. '갑'의 입장에서 수정이 필요하거나 보완되어야 할 조항을 찾아주세요.
2. 위 조항에 대한 중요도를 평가해주세요.
3. 해당 조항을 수정해주세요.

제7장

법무팀 관계자를 위한 계약서 팁

법무팀 관계자를 위한 계약서 팁은 수년간 계약서에 대해 강의하면서 많이 받았던 질문을 정리한 것이다. 실무자들이 궁금해하는 내용을 담았다.

간인의 중요성

계약서 작성에서 간과하기 쉬운 간인은 실제로 매우 중요한 절차다. 이는 계약의 무결성을 보장하고 향후 발생할 수 있는 분쟁을 예방하는 데 큰 역할을 한다.

계약서 간인은 의무·필수 사항인가? 간인은 법적 의무 사항이 아니다. 간인하지 않을 경우 법적 효력이 없는 것인가? 간인하지 않아도 계약서는 법적 효력이 있다. 다만 계약서의 진위 여부, 변조 여부가 문제되었을 때 간인이 있으면 큰 도움이 된다.

간인은 계약서와 관련 서류 및 부속서류까지 모두 도장을 찍는다. 특히 인감증명서가 있는 경우 인감증명서까지 함께 간인한다. 계약 당사자 모두가 각 장마다 간인한다.

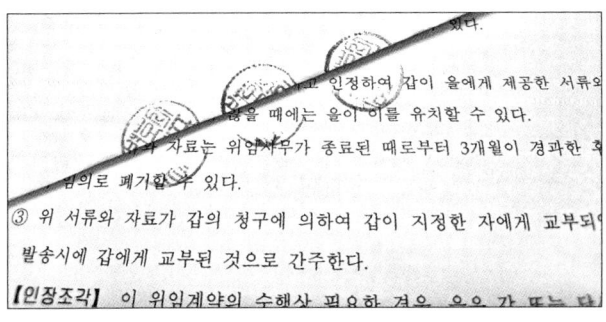

간인을 찍은 계약서

계약 상대방의 신용 평가 방법

다만, 리스크 관리를 위해 계약 체결 전 상대방의 신용 상태를 파악하는 것은 중요하다. 개인사업자와 법인사업자로 나누어 살펴보면, 먼저 개인사업자의 경우 사무실 주소지의 등기부등본, 개인 주소지의 등기부등본을 활용하는 방법이 있다. 등기부등본을 발급받아 본인 소유의 건물인지, 채무는 어떻게 되는지를 확인할 수 있다. 만약 상대방의 사업자등록번호를 안다면 국세청 홈택스를 통해 휴업·폐업 조회를 할 수 있다.

김철수라는 개인사업자와 1억 원 규모의 물품 공급계약을 체결하려고 한다. 김철수의 사업장 주소로 등기부등본을 확인해보니 해당 건물에 다수의 근저당권이 설정되어 있다. 또한 개인 주소지 등기부등본에서도 다수의 채권최고액이 설정되어 있음을 확인했다. 이는 김철수의 재무 상태가 불안정할 수 있다는 신호로 계약 체결시 선급금 지급을 최소화하고 이행보증보험 가입을 요구하는 등의 안전장치를 마련해야 한다는 것을 의미한다.

다음으로 법인사업자의 경우 법인 등기부등본을 확인하여 설립일, 자본금, 이사 현황 등을 조사한다. 법인 등기부등본에 기재된 회사의 주소와 대표자의 주소에 대한 부동산 등기부등본을 발급받는다. 앞에서 설명한 개인사업자와 마찬가지로 해당 주소지의 채무 현황 등을 파악한다. 법인의 경우에도 개인사업자와 마찬가지로 사업자등록번호를 안다면 국세청 홈택스를 통해 휴업·폐업 사실을 조회할 수 있다.

예를 들어 금융감독원 전자공시시스템DART을 통한 재무제표를 확인하거나 한국신용평가, 나이스신용평가 등을 통한 기업 신용 등급을 확인하는 방법이 있다. 대표적인 신용 평가 업체는 나이스디앤비, 나이스평가정보, 이크레더블, 기업신용정보서비스 크레탑 등이 있다.

A 전자와 10억 원 규모의 장기 공급계약을 체결하려고 한다. A 전자의 법인 등기부등본을 확인해보니 최근 1년 내 대표이사가 세 번 변경되었고 DART에

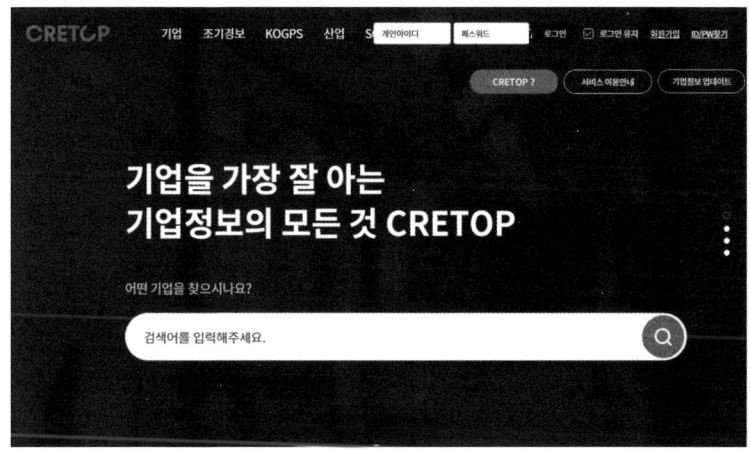

신용 평가 업체

서 확인한 재무제표상 부채 비율이 300%를 넘었다. 또한 나이스신용평가의 기업 신용 등급이 'B'로 나왔다. 이는 A 전자의 경영 안정성과 재무 건전성에 문제가 있을 수 있다는 신호다. 따라서 계약 체결시 분할 납품 및 대금 지급 조건을 제시하고 이행 보증금을 요구하는 등의 안전장치를 마련해야 한다.

신용 평가 보고서를 해석할 때는 다음을 참고한다.

신용 등급 : AAA부터 D까지, 높을수록 신용도가 좋음

현금 흐름 등급 : A+부터 C-까지 높을수록 현금 창출 능력이 우수함

재무 비율 : 동종업계 평균과 비교하여 해석

대표자 신용 정보 : 개인 신용 등급 및 체납 이력 확인

B 기업과 5년간 20억 원 규모의 독점 공급계약을 체결하려고 한다. 나이스디앤비의 기업 신용 평가 보고서를 확인해보니 다음과 같았다.

신용 등급 : BB(채무 이행 능력이 있으나 환경 변화에 따라 채무 이행 능력이 악화할 가능성이 있음)
현금 흐름 등급 : B(현금 창출 능력이 보통이며 향후 악화될 가능성 있음)
부채 비율 : 180%(동종 업계 평균 150%)
대표자 개인 신용 등급 : 4등급(주의할 필요가 있는 수준)

이러한 정보를 바탕으로 계약 조건을 다음과 같이 조정할 수 있다.

계약기간을 5년에서 3년으로 단축
매년 신용 평가를 실시하여 등급 하락시 계약 조건 재협상 가능 조항 삽입
이행 보증금 비율을 계약 금액의 20%로 상향 조정
대금 지급 조건을 선급 30%, 중도 40%, 잔금 30%로 조정하여 리스크 분산

계약서 수정 및 정정 방법

　계약서 작성 과정에서 오류가 발견되었을 때 적절한 수정 방법을 아는 것이 중요하다. 가능하면 새로 작성하는 것이 가장 좋은데, 부득이한 경우 '삭제한 글자 수'와 '추가한 글자 수'를 명시하고 수정한 부분에는 양 당사자가 모두 날인하는 것을 기본 원칙으로 한다.

> '을'은 자신이 제공한 부품의 하자로 인하여 '갑'이 가동하는 보일러가 운행 중단될 경우 '갑'에게 1일당 ~~100~~만 원의 손해가 발생한다는 점을 인지한다.
> 1000(삭 3자, 가 4자)

앞의 예를 참고하여 다음과 같이 수정한다.

틀린 부분에 한 줄 또는 두 줄을 그어 삭제 표시를 한다.
그 위나 아래에 정확한 내용을 기재한다.
괄호를 치고 삭제한 글자 수와 추가한 글자 수를 명시한다.
수정된 부분 위에 양 당사자가 날인한다.

다만 여러 곳을 수정해야 하는 경우 별도의 정정 확인서를 작성하는 것이 좋다.

> **정정 확인서**
>
> 당사자들은 2024년 8월 1일자로 체결한 물품 공급계약서의 다음 부분을 아래와 같이 정정함을 확인합니다.
>
> 1. 제3조 제2항 : '매달 10일'을 '매달 15일'로 정정
> 2. 제7조 제1항 : '계약 금액의 10%'를 '계약 금액의 15%'로 정정
>
> 위와 같이 정정했음을 확인하며 정정된 내용에 따라 계약을 이행할 것을 확

약합니다.

                                      2025년 8월 15일

                              갑 : ○○주식회사 대표이사 (인)

                              을 : △△주식회사 대표이사 (인)

계약서를 작성할 때 지나치게 사소한 것에 집착하는 사람들이 있다. 대개 관련 임원이나 직속 상사 때문이다. 예를 들어 누가 '갑'이고 누가 '을'인지의 문제는 계약 내용과 전혀 무관하다. 오히려 상대방에게 '갑'의 명칭을 양보하고 다른 유리한 조건을 받는 것이 좋다.

> C 회사(대기업)와 D 회사(중소기업)가 물품 공급계약을 체결하려고 한다. C 회사 담당자가 자신들이 '갑'이 되어야 한다고 주장한다.

이때 D 회사는 다음과 같은 전략을 취할 수 있다.

대금 지급 조건 개선 : 이를 테면, 납품 후 30일 이내 지급을 15일 이내 지급으로 변경

계약 해지 조건 완화 : 이를 테면, C 회사의 일방적 해지 권한 제한

물가 상승에 따른 단가 조정 조항 추가

이와 같이 C 회사에게 '갑' 명칭을 양보하고 대신 유리한 조건을

요구한다. D 회사는 명칭에 연연하지 않고 실질적으로 더 유리한 계약 조건을 확보할 수 있다.

계약서 관리와 채권 및 소멸 시효 관리

효과적인 계약 관리는 비즈니스 성공의 핵심이다. 계약기간, 대금 지급 일정, 소멸 시효 등을 종합적으로 관리하여 계약 관리 시스템을 구축해야 한다.

계약 기본 정보 관리 : 계약명, 계약 당사자, 계악기간, 게약 금액 등
주요 일정 관리 : 대금 지급일, 납품일, 갱신 통보일 등
계약 이행 현황 관리 : 납품 완료 여부, 대금 지급 현황 등
소멸 시효 관리 : 채권의 종류별 소멸 시효 기산점 및 만료일 관리

소멸 시효가 완성되면 채권자는 채무자에게 이행을 강제할 수 없게 된다. 따라서 소멸 시효 관리는 매우 중요하다.
주요 채권의 소멸 시효 기간은 다음과 같다.

일반 상사채권 : 5년. 제64조에 따르면 상행위로 인한 채권은 5년간 행사하지 않으면 소멸 시효가 완성된다.
도급에 관한 채권 : 3년. 민법 제163조 제3호에 따라 도급받은 자, 기사 기타 공사의 설계 또는 감독에 종사하는 자의 공사에 관한 채권은 3년의 소멸 시효가 적용된다.

임금채권 : 3년. 임금채권은 단기 소멸 시효인 3년이 적용된다.

상법상 보험금청구권 : 3년. 상법 제662조에 따라 보험금청구권은 3년의 소멸 시효가 적용된다.

> E 회사가 F 회사와 3년간의 유지 보수 계약을 체결했다. 계약금은 3억 원이며 매년 말 1억 원씩 3회에 걸쳐 지급받기로 했다.

이 경우 E 회사는 다음과 같이 관리할 수 있다.

계약 시작일 : 2024년 1월 1일
계약 종료일 : 2026년 12월 31일
대금 지급 일정

- 1차 : 2024년 12월 31일(1억 원)
- 2차 : 2025년 12월 31일(1억 원)
- 3차 : 2026년 12월 31일(1억 원)

소멸 시효 만료일

- 1차 대금 : 2029년 12월 31일
- 2차 대금 : 2030년 12월 31일
- 3차 대금 : 2031년 12월 31일

E 회사는 이러한 정보를 바탕으로 다음과 같은 조치를 취할 수 있다.

각 대금 지급일 일주일 전에 F 회사에 대금 지급을 상기시키는 이메일 발송

소멸 시효 만료 6개월 전에 미지급금에 대한 독촉장 발송

소멸 시효 중단을 위해 필요시 서면 독촉이나 법적 조치 검토

이러한 체계적인 관리를 통해 채권을 적시에 회수하고 소멸 시효로 인한 손실을 방지할 수 있다.

사용인감과 법인인감의 구분

공공기관·정부기관 등과 계약(특히 입찰)할 때는 사용인감과 법인인감을 제대로 구분하는 것이 일반적이다. 하지만 사기업 간의 거래에서는 이 두 가지를 구별하지 않고 사용하는 경우가 종종 있다. 법인인감은 중요한 계약이나 고액의 거래에 사용하고 사용인감은 일반적인 업무나 계약에 사용한다. 사용인감을 쓰기 위해서는 원칙적으로 사용인감계가 필요하며 이를 계약서에 첨부하여 사용인감의 정당성을 확보해야 한다. 장기거래 관계에서는 사용인감 관련 합의를 먼저 진행하는 것이 효율적이다.

> 갑과 을은 본 계약의 이행 및 향후 양사 간의 거래에서 첨부된 사용인감계에 명시된 인감을 사용하기로 하며, 이는 각 사의 법인인감과 동일한 효력을 가진다.

사용인감의 유효성을 확인하기 위해서는 다음 사항을 꼼꼼히 점

검해야 한다.

사용인감계 확인 : 법인인감 날인 여부를 확인한다.
- 법인명, 주소, 대표자명의 정확성 검증
- 사용인감 사용 목적 명시 여부 확인('당사의 모든 계약 체결에 사용')
- 사용인감 사용기간 명시 여부 확인('2023년 1월 1일부터 2023년 12월 31일까지')

법인인감증명서 첨부 확인 : 사용인감계에 법인인감증명서가 첨부되었는지 확인하고 다음과 같이 법인인감증명서 유효성을 검증한다.
- 발급일로부터 3개월 이내인지 확인
- 법인명, 주소, 대표자명이 사용인감계와 일치하는지 대조

인영 일치 여부 확인 : 사용인감계에 찍힌 법인인감과 인감증명서의 인영을 대조한다.

[Tip]
- 사용인감 관리 담당자를 지정하고 사용 내역을 꼼꼼히 기록한다.
- 법인 내부적으로도 사용인감 관리에 각별히 주의를 기울여야 한다. 분실이나 도용시 큰 피해가 발생할 수 있기 때문이다.
- 사용인감 관련 서류에 조금이라도 의심스러운 점이 있다면 반드시 상대방에게 확인을 요청해야 한다.
- 전자계약 시스템을 도입하여 인감 사용에 따른 리스크를 줄이는 것도 고려해볼 만하다.

계약서 체결 후 불일치 문제 해결

계약 체결 후 예상치 못한 불일치 문제가 발생할 수 있다. 이러한 문제들은 사소해 보일 수 있으나 추후 심각한 법적 분쟁으로 이어질 수 있어 신중한 대응이 필요하다.

서명 필체 불일치 문제

서명은 계약 당사자의 의사를 표현하는 중요한 수단이다. 따라서 서명 필체의 불일치는 계약의 유효성에 의문을 제기할 수 있는 심각한 문제다. 양 당사자가 계약서에 서명했으나 서명 필체가 다른 경우가 발견되었을 경우 다음과 같이 해결 방안을 모색한다.

계약 당사자 확인 절차 진행 : 해당 서명이 실제 계약 당사자의 것인지 확인한다.

> "김 대표님, 지난 3월 15일 체결한 계약서의 서명이 평소와 달라 보입니다. 혹시 본인이 직접 서명하신 것이 맞습니까?"

서명 진위 여부 조사 : 필요시 서명 전문가의 감정을 의뢰하고 내부적으로는 과거 계약서의 서명과 대조한다.

필요시 재서명 요청 : 서명의 진위가 의심되는 경우 양 당사자가 참석한 자리에서 재서명을 진행한다.

"계약의 안정성을 위해 양사 대표님들께서 다시 한번 서명해주시면 감사하겠습니다."

향후 계약 체결시 서명 확인 절차를 강화
- 계약 체결시 신분증 확인 절차 도입
- 서명시 동영상 촬영 등 추가적인 증거 확보 방안 마련
- 서명 불일치에 대한 경위서 작성 및 보관

계약 일자 불일치 문제

계약 일자는 계약의 효력 발생 시점, 의무 이행의 기산점 등을 결정하는 중요한 요소다. 따라서 계약 일자의 불일치는 반드시 해결해야 할 문제다. 계약서상의 날짜와 실제 계약 체결일이 다른 경우 다음과 같이 해결 방안을 모색한다.

실제 계약 체결일 확인 : 양 당사자의 증언, 이메일 기록, 회의록 등을 통해 실제 계약 체결일 확인

"거래처 담당자님, 저희 내부 기록으로는 실제 계약 체결이 4월 1일로 되어 있는데, 혹시 귀사의 기록은 어떻게 되어 있습니까?"

계약서 수정 후 양 당사자 재날인 : 올바른 계약 일자로 수정한 후 양 당사자가 수정 부분에 날인

"확인 결과 실제 계약 체결일이 4월 1일로 확인되어 계약서를 수정했습니다. 수정된 부분에 날인 부탁드립니다."

계약 일자 정정 확인서

K 소프트웨어와 L 게임즈는 2024년 8월 1일자로 체결한 게임 개발계약과 관련하여 다음 사항을 확인합니다.

1. 원계약서 기재 일자 : 2024년 8월 1일
2. 실제 계약 체결 일자 : 2024년 8월 15일
3. 정정 사유 : 계약 준비 과정에서 예상 체결일로 날짜를 기재했으나 실제 계약 체결이 지연되어 날짜 불일치 발생

양 당사자는 본 확인서를 통해 실제 계약 체결일이 2024년 8월 15일임을 확인하며 계약서상의 권리 의무는 이 날짜를 기준으로 발생함을 인정합니다.

2025년 8월 20일

K 소프트웨어 대표이사 (인)

L 게임즈 대표이사 (인)

계약 조건 변경 요구에 대한 대응 전략

계약은 양 당사자 간의 합의를 바탕으로 한 약속이다. 그러나 비

즈니스 환경의 변화나 예상치 못한 상황으로 계약 조건의 변경이 요구되는 경우가 있다. 이러한 상황에서 적절히 대응하는 것은 비즈니스 관계의 유지와 법적 리스크 관리에 매우 중요하다.

고객사의 계약 조건 변경 요구시 대응

계약 체결 후 고객사에서 말을 변경하거나 계약 조건에 이의를 제기하는 상황에 직면했을 때 다음과 같은 단계별 대응 전략을 고려할 수 있다.

원계약 검토 : 변경 가능 조항이 있는지 확인한다.
- 계약서 내 변경 가능성을 명시한 조항이 있는지 확인 검토한다.

> "본 계약의 내용은 양 당사자의 서면 합의에 의해서만 변경될 수 있다."

변경 사유 파악 : 정당한 사유인지 검토한다.
- 고객사의 변경 요구 이유를 명확히 파악한다.
- 요구 사항이 합리적이고 정당한지 객관적으로 평가한다.

> "고객사님, 계약 조건 변경을 요청하신 구체적인 이유를 알려주시겠습니까?"

협상 : 양측에 이익이 되는 방향으로 조정한다.
- 상호 이익을 고려한 대안을 제시한다.

- 변경으로 인한 영향을 최소화할 수 있는 방안을 모색한다.

"귀사의 요청 사항을 일부 수용하되, 우리 회사의 손실을 최소화할 수 있는 방안을 제안드리고 싶습니다."

법적 검토 : 변경이 법적으로 문제없는지 확인한다.
- 변경 사항이 관련 법규를 위반하지 않는지 검토한다.
- 필요시 법률 전문가의 자문을 구한다.

"제안하신 변경 사항에 대해 우리 회사 법무팀의 검토가 필요할 것 같습니다. 검토 후 다시 연락드리겠습니다."

변경에 따른 비용 발생시 고객사 부담 명시
- 계약 변경으로 발생하는 추가 비용에 대한 부담 주체를 명확히 한다

"계약 변경으로 발생하는 추가 개발비용 500만 원은 귀사에서 부담해주셔야 할 것 같습니다."

증빙 자료

계약 조건 변경 과정에서 발생할 수 있는 분쟁에 대비하여 다음과 같은 증빙 자료를 확보하고 관리하는 것이 중요하다.

계약서 원본 : 원계약의 내용을 명확히 하는 가장 기본적인 자료다. 서명, 날인이 있는 원본을 안전하게 보관해야 한다.

인수증 : 물품인도확인서, 용역완료확인서 등은 계약 이행의 증거로 활용 가능하다.

이메일, 회의록 등 서면 기록 : 변경 협의 과정의 주요 내용을 문서화한다.

"2023년 4월 15일 회의에서 계약 제5조의 변경에 대해 논의했으며……"

녹음(사전 고지 필요 없음, 다만 최후의 수단으로) : 대화 내용을 정확히 기록할 수 있는 방법이지만 상대방의 신뢰를 해칠 수 있어 신중히 사용해야 한다.

[Tip]
- 변경 요구에 즉각적으로 동의하지 않기 : 충분한 검토시간을 확보하고 내부 협의를 거친 후 대응해야 한다.
- 모든 협의 내용을 문서화하기 : 구두로 이루어진 논의도 반드시 이메일 등으로 정리하여 기록한다.
- 변경 합의시 서면으로 작성하기 : 계약변경합의서 또는 부속합의서 형태로 문서화한다.
- 변경 거부시 "죄송합니다만 귀사의 요청 사항을 수용하기 어려운 이유는……"과 같이 정중하게 그 이유를 설명한다.
- 법무팀 또는 외부 법률 전문가와의 협력 체계 구축 : 복잡한 변경 요구에 대비한 전문가 자문 루트를 확보한다.

계약 조건 변경 요구에 대한 대응은 신중하고 전략적으로 이루어져야 한다. 원계약의 정신을 존중하면서도 변화하는 비즈니스 환경에 유연하게 대처할 수 있는 균형 잡힌 시각이 필요하다. 또한 모든 과정을 문서화하고 필요한 증빙자료를 확보하는 것이 향후 발생할 수 있는 분쟁을 예방하고 대응하는 데 큰 도움이 될 것이다. 계약 조건 변경은 위기일 수도 있지만 적절히 대응한다면 오히려 비즈니스 관계를 더욱 강화하는 기회가 될 수 있다.

퇴사자 관련 계약 문제 대응

계약을 체결한 직원이 퇴사한 후 해당 계약에서 문제가 발생하는 경우 기업은 복잡한 상황에 직면할 수 있다. 이러한 문제에 효과적으로 대응하고 리스크를 관리하는 방법을 살펴보자.

퇴사한 직원이 체결한 계약에서 문제가 발생한 상황에서의 법적 책임은 다음과 같이 정리할 수 있다.

원칙 : 회사가 책임을 부담한다. 직원은 회사의 대리인으로서 계약을 체결했기 때문이다.

> "A씨가 당사 영업부장으로 재직했을 때 체결한 공급계약의 책임은 당사에 있습니다."

예외 : 퇴사자의 명백한 월권행위[7]나 사기적 행위[8]가 있는 경우 회사가 책임을 지는 경우가 있고 그렇지 않은 경우가 있다. 퇴사자가 업무와 관련하여 월권행위나 사기적 행위를 했더라도 회사는 표현 대리 법리나 사용자 책임 법리에 따라 책임을 져야 할 경우가 있다.

> "조사 결과 B씨가 자신의 권한을 넘어 1억 원 이상의 계약을 체결한 것이 확인되었습니다."

법적 책임을 진다 하더라도 퇴사자 관련 계약 문제에 대응하려면 다음과 같은 증빙 자료를 확보하고 검토해야 한다.

퇴사자의 업무 권한을 명시한 문서 : 직무기술서, 위임장, 내부 규정 등을 확보하고 검토한다.

> "C씨의 직무기술서에 따르면 그의 계약 체결 권한은 5000만 원 이하로 제한되어 있었습니다."

해당 계약과 관련된 내부 결재 문서 : 전자 결재 시스템의 결재 기록, 회의록 등을 확보하고 검토한다.

---

7 월권 행위란 직원에게 부여된 권한을 넘어선 계약 체결을 말한다.
8 사기적 행위는 고의로 회사나 거래 상대방에게 손해를 입히는 행위를 말한다.

"해당 계약은 2023년 3월 15일 임원 회의에서 최종 승인되었습니다."

퇴사자가 작성한 업무 인수인계서 : 퇴사시 작성한 업무현황보고서, 인수인계 문서 등을 확보하고 검토한다.

"D씨의 인수인계서에 따르면 해당 계약의 이행 상황이 상세히 기록되어 있습니다."

관련 계약 문서 및 이메일 등 기록 검토 : 계약서 원본, 계약 협상 과정의 이메일, 메신저 대화 내용 등을 확보하고 검토한다.

"E씨와 거래처 간의 이메일 교신 내용을 검토한 결과 계약 조건에 대한 상세한 논의가 있었음을 확인했습니다."

필요시 퇴사자 연락 및 확인 : 퇴사자에게 연락하여 계약 관련 상세 내용을 확인한다.

"F씨에게 연락하여 당시 계약 체결의 배경과 경위에 대해 추가 설명을 들었습니다."

퇴사자 관련 계약 문제를 예방하고 효과적으로 대응하기 위한 리스크 관리 전략은 다음과 같다.

명확한 권한 위임 체계 구축 : 직급별, 부서별 계약 체결 권한을 명확히 규정하고 권한 초과시 내부 승인 절차를 마련한다.

"5000만 원 이상의 계약은 반드시 임원 승인을 받도록 규정을 개정했습니다."

주요 계약에 대한 내부 승인 절차 강화 : 일정 금액 이상의 계약은 다단계 승인 절차를 도입하고 법무팀 검토를 의무화한다.

"1억 원 이상의 모든 계약은 법무팀 검토와 대표이사 승인을 거치도록 프로세스를 개선했습니다."

정기적인 계약 현황 점검 및 업데이트 : 분기별 또는 반기별로 주요 계약 현황을 점검하고 계약 이행 상황 모니터링 시스템을 구축한다.

"매 분기 말 전체 계약 현황을 점검하고 이행 상황을 경영진에 보고하고 있습니다."

향후 퇴사자 관련 계약 관리 체계 강화 : 퇴사 예정자의 계약 관련 업무 인수인계 절차를 강화하고 퇴사자가 체결한 계약에 대한 특별 관리 체계를 수립한다.

"퇴사 한 달 전부터 해당 직원의 계약 관련 업무를 단계적으로 인수인계하고 있습니다."

다년 계약 관련 이슈와 대응 전략

다년 계약은 장기적인 비즈니스 관계를 구축하는 데 중요한 역할을 한다. 그러나 이러한 계약은 여러 가지 복잡한 이슈를 동반할 수 있다. 다년 계약을 체결했는데 고객이 중도 해지를 요구하는 경우에 직면했을 때 다음과 같은 단계별 대응 전략을 고려할 수 있다.

계약서상의 중도 해지 조항 확인 : 해시 가능 여부, 해지 절차, 위약금 등을 검토한다.

"계약서 제10조에 따르면, 중도 해지시 잔여 계약기간의 50% 금액을 위약금으로 지불해야 합니다."

해지에 따른 손실 계산 및 보상 요구 : 투자비, 기회비용 등을 포함한 실제 손실액을 산정해본다.

"본 계약을 위해 당사가 투자한 장비 및 인력 비용이 약 1억 원에 달합니다."

계약 이행의 중요성 설명 및 지속의 이점 제시 : 계약 유지의 필요성과 이점을 고객에게 설명한다.

"5년 장기계약을 통해 연간 20%의 비용 절감 효과를 얻으실 수 있습니다."

단계적 축소 또는 대체 서비스 제안 등의 타협안 모색 : 고객의 요구를 일부 수용하면서도 회사의 손실을 최소화할 수 있는 방안을 제시한다.

"계약 규모를 축소하되, 계약기간은 유지하는 방안은 어떠신지요?"

협상이 어려울 경우 법적 자문을 구하고 필요시 법적 대응 준비 : 내부 법무팀 또는 외부 법률 전문가의 자문을 요청한다.

"부득이한 경우 법적 조치를 고려할 수 있음을 알려드립니다."

견적서와 발주서

비즈니스 거래에서 견적서와 발주서는 중요한 문서다. 그러나 실무에서 이 두 문서를 혼용하거나 부적절하게 사용하는 경우가 종종 발생한다. 그러므로 견적서와 발주서의 개념과 차이를 정확히 알아두는 것이 무엇보다 중요하다.

견적서Quotation는 판매자가 구매자에게 제시하는 가격 제안서로 구속력이 없는 제안이며 일정 기간 동안만 유효하다.

"A 전자는 B 기업에 LCD 모니터 100대에 대해 대당 10만 원, 총 1000만 원의 견적서를 발행했다."

이와 달리 발주서Purchase Order는 구매자가 판매자에게 보내는 공식적인 주문 문서로 법적 구속력이 있는 문서다. 따라서 구매 조건을 명확히 명시한다.

"B 기업은 A 전자에 LCD 모니터 100대 구매를 위한 발주서를 발행했다."

이와 같이 견적서와 발주서의 용도가 다른데, 견적서에 양 사의 도장을 찍고 발주서에 기재할 내용을 추가하여 발주서 대신 사용하는 경우 법적·회계적 문제를 야기할 수 있어 주의가 필요하다.

견적서를 발주서로 사용하는 실무 관행에서 법적 효력 인정의 조건은 다음과 같다.

당사자의 계약 체결 의사 명확성 : 양 당사자가 계약을 체결하려는 명확한 의도가 있어야 한다.

"견적서에 '본 견적서로 계약을 체결합니다'라는 문구를 추가하고 양 사가 서명한다."

계약의 본질적 요소 포함 여부 : 계약의 핵심 내용(물품, 수량, 가격, 납기 등)이 명시되어야 한다.

"견적서에 상품명, 수량, 단가, 공급가액, 납품 일자가 모두 기재되어 있다."

이때 발생할 수 있는 법적 문제점은 다음과 같다.

계약 내용의 불명확성으로 인한 분쟁 : 견적서의 한계로 중요 계약 조건이 누락될 수 있다.

> "견적서에 명시되지 않은 하자 보증기간에 대해 분쟁이 발생한다."

정식 계약서 부재로 인한 입증의 어려움 : 분쟁 발생시 계약 내용을 입증하기 어려울 수 있다.

> "견적서만으로는 상세한 계약 조건을 증명하기 어려워 소송에서 불리한 상황이 발생한다."

세금계산서 발행 등 회계 처리의 문제 : 견적서와 발주서의 불일치로 인한 회계 처리 오류 가능성이 있다.

> "견적서 금액과 실제 거래 금액이 다른 경우 세금계산서 발행에 혼선이 생긴다."

실무 처리시 다음과 같은 방안을 권장한다.

중요한 거래는 반드시 정식 계약서 작성

"연간 1억 원 이상의 거래는 반드시 법무팀 검토를 거친 정식 계약서로 진행한다."

견적서와 발주서의 명확한 구분 사용 : 각 문서의 목적에 맞게 적절히 사용한다.

"'견적 요청 → 견적서 발행 → 발주서 발행 → 계약 체결'의 순서로 진행힌다."

약식 계약시 필수 기재 사항 확인 : 계약의 핵심 요소를 반드시 포함한다.

"물품명, 수량, 단가, 총액, 납기, 대금 지급 조건 등을 반드시 기재한다."

계약서에 관련 사항 추가 : 견적서나 발주서의 법적 효력에 관한 내용을 계약서에 명시해야 한다.

"본 계약 체결 이전에 교환한 견적서와 발주서는 본 계약의 일부를 구성하며 계약 내용과 상충될 경우 본 계약이 우선한다."

견적서와 발주서는 각각 고유한 목적과 기능을 가진 중요한 비즈니스 문서다. 이를 혼용하거나 부적절하게 사용하지 않도록 내부적으로 견적서와 발주서 사용에 대한 명확한 가이드라인을 수립하고 직원들에게 이에 대한 교육을 하는 것도 중요하다. 특히 중요한 거래의 경우 견적서와 발주서에만 의존하지 말고 정식 계약서를 작성하는 것이 바람직하다.

계약 갱신(재계약)시 주의해야 할 점

계약 갱신은 기존 비즈니스 관계를 지속하고 발전시키는 중요한 과정이다. 그러나 단순히 이전 계약을 그대로 연장하는 것이 아니라 변화된 상황과 새로운 요구 사항을 반영하여 더 나은 조건으로 계약을 재설정하는 기회로 활용해야 한다.

이 과정에서 주의해야 할 핵심 사항을 살펴보자.

계약 조건의 변경 : 가격, 서비스 범위 등 주요 조건의 조정 가능성이 발생한다.

> "초기계약 대비 서비스 범위를 20% 확대하고 이에 따라 계약 금액을 15% 인상한다."

계약기간 : 단기계약에서 장기계약으로의 전환 가능성이 생긴다.

> "1년 단위 계약에서 3년 장기계약으로 전환하여 안정적인 비즈니스 관계를 구축한다."

해지 조건 : 더욱 유연한 해지 조건 설정이 가능하다.

"6개월 사전 통지 후 중도 해지할 수 있게 하여 양측의 리스크를 줄인다."

계약 갱신시 다음을 확인해야 한다.

이전 계약기간 동안 발생한 문제점 개선 : 과거 이슈 분석 및 해결 방안을 모색한다.

"지난 계약기간 중 발생한 납기 지연 문제를 해결하기 위해 페널티 조항을 강화한다."

고객의 새로운 요구 사항 파악 : 고객 니즈 변화에 대해 대응해야 한다.

"고객의 글로벌 확장에 따라 해외 지원 서비스 조항을 추가한다."

자사의 서비스 / 제품 변경 사항 반영 : 개선된 서비스나 신제품에 적용한다.

"신규 출시한 클라우드 서비스를 기존 계약에 통합하여 제공한다."

시장 상황 및 자사 / 고객사의 상황 변화 반영 : 경제 환경, 기업 구조 변화 등을 고려한다.

"원자재 가격 상승을 반영하여 분기별 가격 조정 메커니즘을 도입한다."

새로운 법규나 업계 표준의 반영 : 규제 환경 변화에 대해 대응한다.

"새로운 개인정보보호법을 준수하기 위한 데이터 처리 조항을 추가한다."

계약기간 및 해지 조건의 재협상 : 양측의 니즈에 맞는 유연한 조건을 설정한다.

"1년 단위 자동 갱신 조항을 도입하되, 갱신 3개월 전 변경 협의가 가능하게 한다."

갱신계약은 법적 효력을 가진다.

원칙 : 새로운 독립 계약으로 간주한다. 갱신계약은 법적으로 새로운 계약으로 취급한다.

"본 계약은 2023년 7월 1일부로 효력이 발생하며, 이전의 모든 계약을 대체한다."

해석 : 이전 계약과의 연속성을 고려하여 해석하는데, 계약 해석시 과거 이행 내역 및 관행을 고려한다.

"본 계약의 해석에서 불분명한 점은 이전 계약의 이행 과정을 참고할 수 있다."

[Tip]
- 갱신 준비 시작 시기 : 계약 만료 최소 3개월에서 6개월 전부터 갱신 준비를 시작한다.

  "계약 만료 6개월 전 내부 검토를 시작하고 3개월 전부터 상대방과 협의를 개시한다."

- 변경 사항의 명확한 문서화 : 모든 변경 사항을 명확히 기록하고 양측의 확인 서명이 필요하다.

  "본 갱신계약의 주요 변경 사항을 별첨으로 정리하고 양측 대표가 각 페이지에 서명한다."

- 법률 전문가 검토 : 주요 변경 사항에 관해 법률 전문가의 검토를 진행한다.

  "새로 추가된 지식재산권 관련 조항에 대해 특허 변호사의 자문을 받는다."

- 과도기 관리 방안 마련 : 새 계약으로의 전환 과정에서 발생할 수 있는 문제에 대비한다.

  "새로운 서비스 모델 적용을 위해 3개월의 전환 기간을 설정하고 이 기간 동안의 세부 운영 방안을 별도로 정한다."

계약 갱신은 단순한 형식적 절차가 아니라 비즈니스 관계를 재정립하고 강화하는 중요한 기회다. 변화하는 비즈니스 환경과 양측의 새로운 니즈를 반영하여 더 나은 조건의 계약을 만들어내는 것이 핵심이다. 이를 위해서는 충분한 준비시간, 철저한 분석, 상호 이해를 바탕으로 한 협상이 필요하다.

또한 갱신계약이 법적으로는 새로운 계약으로 간주되지만 실질적으로는 이전 계약과의 연속성을 고려해야 한다는 점을 명심해야 한다. 이러한 균형 잡힌 접근을 통해 법적 안정성을 확보하면서도 비즈니스의 유연성을 유지할 수 있다.

전자계약의 법적 효력

디지털시대 도래와 함께 전자계약의 활용이 급증하고 있다. 전자계약은 종이 문서 없이 전자적 방식으로 계약을 체결하는 것을 말한다.

전자계약의 법적 효력에 대해 살펴보자.

> **전자계약의 법적 근거** : 전자계약의 법적 효력은 주로 '전자서명법'에 따라 보장된다. 이는 전자 서명이 기존의 수기 서명이나 날인과 동등한 법적 효력을 가질 수 있음을 명시한 것이다.

> **전자서명법 제3조**(전자서명의 효력 등)
> 전자 서명은 전자적 형태라는 이유만으로 서명, 서명 날인 또는 기명 날인으로서의 효력이 부인되지 아니한다.

전자계약의 유효성 요건
- 민법상 계약의 일반적 요건을 충족해야 한다(청약과 승낙, 의사의 합치 등).

- 당사자들이 전자적 방식의 계약 체결을 동의해야 한다.
- 전자 서명을 통한 본인 확인 및 의사표시의 진정성을 입증할 수 있어야 한다.

앞의 요건을 갖추었을 때의 전자계약은 다음의 효력을 갖는다.

- 종이 계약과 동일한 법적 효력을 보유한다.
- 법원에서 증거로 인정 가능하다.
- 전자 서명을 통해 서명자의 신원 및 전자문서 내용의 무결성이 보장될 수 있다.

전자계약의 제한 사항 : 모든 계약이 전자적 방식으로 체결될 수 있는 것은 아니다. 일부 특수한 경우에는 여전히 서면계약이 요구된다.
- 보증계약 : 민법 제428조의2에 따라 보증계약은 서면으로 체결해야 한다.
- 부동산거래계약 : 부동산거래의 경우 일반적으로 서면계약이 요구되며 부동산 등기를 위해서는 종이 문서가 필요할 수 있다.

그 밖의 공정증서가 필요한 계약, 인감 날인이 필요한 계약 등 계약의 성질상 전자계약으로 대체하기 어려운 경우가 존재한다.

AI시대 계약서 검토법
작성부터 검토까지, 계약서의 모든 것

초판 1쇄 인쇄 2025년 11월 25일
초판 1쇄 발행 2025년 12월 5일

지은이 김대호·고윤기

편집 박민영 정소리 | 디자인 최정윤 | 마케팅 김다정 박재원
브랜딩 함유지 김은솔 박민재 이송이 박다솔 조다현 김하연 이준희 복다은
제작 강신은 김동욱 이순호 | 제작처 상지사

펴낸곳 (주)교유당 | 펴낸이 신정민
출판등록 2019년 5월 24일 제406-2019-000052호

주소 10881 경기도 파주시 회동길 210
전화 031-955-8891(마케팅) | 031-955-2692(편집) | 031-955-8855(팩스)
전자우편 gyoyudang@munhak.com
홈페이지 www.gyoyudnag.com

ISBN 979-11-24128-14-5 03360

* 아템포는 (주)교유당의 교양·자기계발·실용 브랜드입니다.
  이 책의 판권은 지은이와 (주)교유당에 있습니다.
  이 책 내용의 전부 또는 일부를 재사용하려면 반드시 양측의 서면 동의를 받아야 합니다.